kokoloji

Kendini Keşfetme Oyunu

Tadahiko Nagao, Isamu Saito

İngilizce'den çeviren: İpek Djafer

abcdefg ğhijklmn 'O' kitaplar

Kişisel Gelişim/Oyun - 01

Kokoloji - Kendini Keşfetme Oyunu
Tadahiko Nagao, Isamu Saito

ISBN: 975-6287-41-1

I. Baskı: İstanbul, Şubat 2006
II. Baskı: İstanbul, Şubat 2006
III. Baskı: İstanbul, Mart 2006
IV. Baskı: İstanbul, Mart 2006
V. Baskı: İstanbul, Mart 2006
VI. Baskı: İstanbul, Nisan 2006
VII. Baskı: İstanbul, Nisan 2006
VIII. Baskı: İstanbul, Mayıs 2006
IX. Baskı: İstanbul, Mayıs 2006
X. Baskı: İstanbul, Mayıs 2006

İngilizce'den çeviren: İpek Djafer
Editör: Genco Gün
Kapak tasarım: Berat Çokal
Grafik tasarım: Nilay Gülay, Berna Kuleyin
İllüstrasyon: Nilay Gülay
Film, baskı ve cilt: Kitap Matbaacılık San. Tic. Ltd. Şti. Emintaş Kazım Dinçol Sanayi Sitesi, Davut Paşa Cad., No:81/21, Topkapı Tel: 0212 567 4884

Kalıpçı Sokak Uzal Apt. 152/3 Teşvikiye 34365 İstanbul
Telefon: (0212) 232 5373, 232 5379 **Faks:** (0212) 231 5220

okuyanus@okuyanus.com.tr
www.okuyanus.com.tr

İÇİNDEKİLER

İÇİNDEKİLER

KOKOLOJİ 101

kokoloji \ ko kol′ oje \ *isim* [Japonca, *kokoro*, akıl, ruh, duygular + Yunanca, *-logia*, öğrenimi]
1. Isamu Saito ve Tadahiko Nagao tarafından geliştirilmiş bir tür kendini keşfetme oyunu.
2. İnsan davranışlarının ve durumsal tepkilerinin gizli anlamlarının yorumlanmasını belirten popüler terim.

PROFESÖR SAİTO'DAN BİRKAÇ SÖZ

Aklın gözleri iki yöne birden bakar. Biri dış dünyaya dönüktür, çevremiz ve insanlar hakkında bilgi toplar. Diğeri içe dönüktür ve içimizin gizli dünyasına bakar. Kendi iç dünyanızı araştırdığınız bu göz, başkalarının ne düşündüğünü anlamaya çalışır ve ileriye bakarak birgün nasıl bir insan olacağınızı bulmaya çalışır.

Kitaplar, gazeteler ve televizyon insanların dış dünyayı öğrenmeleri ve anlamaları için geliştirilmiştir. Son yıllardaki medya patlaması duygu ve bilgi fazlasına ve insanların günlük olarak hazmedebileceğinden daha çok bilgi yüklenmesine neden oldu. Medyanın çok az bir bölümü iç dünyamızı keşfetmeye ve anlamaya ayrılmış durumda. İç gözümüzü açmak ve bu gözün görüşünü keskinleştirmek için tasarlanmış psikolojik oyunlar bunun bir türü. Psikoloji bilimi insanlara zihin üzerinde çalışmayı ve zihni anlamayı sağlar ama her bilim dalı gibi uzmanlaşmamış kişileri uzak tutacak özel kelime haznesini öğrenebilmek için çok zorlu çalışma ve azimli öğrenciler ister. Kokoloji, psikoloji bilimi temel alınarak ama eğlenceli ve kolay bir yaklaşımla herkesin anlayabileceği şekilde hazırlanmış bir oyundur.

Kokoloji aynı zamanda bir iletişim aracı olarak da işe yarar. Çoğu insanda psikolojik test kavramı karanlık ya da ürkütücü duygular uyandırır.

Ben kendim bir psikolog olduğum halde bu testlerden hoşlanmıyorum. Ama psikolojik oyunlar aynı keşif işlemini ilginç ve eğlenceli bir hale getirirler ve insanlar bu deneyimi bir oyun olarak yaşadıklarında daha az ürkerler. Kokoloji'de bir test sorusunun cevabının yorumuna, eğer size delice ya da inanılmaz geliyorsa itiraz etmek olasıdır – bu da eğlencenin bir kısmıdır. Ama cevapların insanların karakterlerini kendinizinki de dahil olmak üzere ne kadar doğru açıkladıklarını gördüğünüzde şaşırmaktan geri duramayacaksınız. Bu özellikler, bu oyunu arkadaşlar ve sevgililer arasındaki iletişim boşluklarını dolduran, yakınlaştıran ve birbirlerini daha iyi anlamalarını sağlayan, başka şekilde ve zamanda olsa açılmasından utanılacak, çekinilecek konular açan bir araç yapar.

Enformasyon teknolojisinin yaygınlaşması dünyayı birleştirmeye yardımcı oluyor. Farklılıkları olduğu kadar benzerlikleri de göz önüne seren global medya, farklı kültürlerden gelen insanların ortak bir anlayışa ulaşmalarını destekliyor. Farklılıklar elbette kalıcı, ancak ben insanların gerçekten kalplerinde ve kafalarında birbirlerine yakınlaştıklarına inanıyorum. Bu nedenle Kokoloji'nin Amerika'da ve Avrupa'da başarılı olmasını mutluluk verici buluyorum. Ne de olsa Kokoloji ilk olarak Batı'da geliştirilen psikolojik prensiplere dayanıyor ve aslında o prensipleri Japon halkına daha yaygın olarak tanıtabilmek için yazıldı. Köklerine döndüğünde bu kadar büyük bir kabul görmesi ve popüler olması, benim, insan aklının temelde evrensel olduğuna dair inancımı güçlendirdi.

Kokoloji'yi psikoloji biliminin prensiplerine sadık kalarak elimden geldiğince eğlendirici kılmaya gayret ettim. Umarım oynarken çok eğlenir ve oyun bittiğinde kendiniz ve çevrenizdekiler hakkında daha fazla bilgi edinmiş olursunuz.

Isamu SAİTO
Profesör, Rissho Üniversitesi

KOKOLOJİ OYNAMAK

Kokoloji'yi yaratma aşamasında en önem verdiğimiz şey bunu eğlenceli bir hale getirmekti. Kimse eğlenceli olmayan bir oyunu oynamak istemez. Temel fikir zaten belliydi; planımız insanların kendilerini her gün yaşadıkları olayların ve alışılmamış senaryoların içinde hayal etmeleri ve basit soruları cevaplamalarıydı. Cevaplar psikolojik bir bakış açısıyla değerlendirilecek ve o kişinin aklının nasıl çalıştığı konusunda bize bilgi verecekti. Oyun bir tür Rorschach testiydi. Tek fark mürekkep lekeleri yerine sözcüklerin kullanılıyor olmasıydı.

İçeriğe karar vermek işin kolay kısmıydı. Zor olan, bilimi ve eğlenceyi dengede tutmaktı. Profesör Saito işin bilim kısmını üstlendi. İşin eğlence kısmında başarılı olup olmadığımıza karar verecek olan ise sizsiniz. Ben bir psikolog değilim ama insanların uzun açıklamalardan hoşlanmadığını biliyorum. özellikle de bir oyun kitabı için. Bu nedenle size Kokoloji'yi doyurucu, eğitici ve eğlenceli bulabilmeniz için sekiz ipucu verip bırakacağım.

İyi eğlenceler!

Tadahiko Nagao

KOKOLOJİ OYNAMAK İÇİN SEKİZ İPUCU

1. Aklınıza ilk geleni söyleyin

Kelime seçiminde duraksamadığınız ya da zorlanmadığınız zaman oyun tam anlamıyla başarılı olacaktır. Doğru ya da yanlış cevap yoktur. Bu nedenle rahat olun ve aklınıza ilk geleni çekinmeden söyleyin.

2. Eğer mümkünse başkalarıyla oynayın

Kokoloji diğer bütün kitaplar gibi tek başınıza da okuyabileceğiniz bir kitaptır. Ama bir başkası ya da bir grupla oynadığınız zaman çok daha eğlenceli ve heyecanlı olacaktır. Diğerleri ile sandığınızdan daha fazla ortak yönünüz olduğunu görebilirsiniz. Belki de farklı dünyalardan gelmiş kadar uyumsuz olduğunuzu göreceksiniz, kimbilir! Bunu keşfetmek içinse tek bir yol var.

3. Cevapları tahmin etmeye çalışmayın

Testlerde akıllı olduğumuzu ispatlamaya çalışmak ya da soruların altlarında ne anlam gizli olduğunu tahmin etmeye çalışmak çok doğaldır. Ama bundan ne öğrenebilirsiniz ki?

4. Kendinize karşı dürüst olun

Kokoloji sadece bir oyun olabilir ama her iyi oyun gibi eğer izin verirseniz size bir şeyler öğretecektir. Kendinizle ilgili bir hata ya da eksiklik ortaya çıkarsa bunu kabullenmekten korkmayın. Sizin aslında iyi, zeki ve sevilesi biri olduğunuzu hissedebiliyorum. Bu kitabı siz aldınız değil mi?

5. Hazırlıklı olun

Testlerden bazıları size bir şeyler yazmanızı ya da resim çizmenizi söyleyecektir bu nedenle başlamadan önce bir kalem ve kâğıt hazırlamanızda fayda var. Tecrübeli kokolojistler bir dahaki oyunu videoya çekmeyi düşünebilirler. Gerçek karakterler açığa çıktığında oyuncuların yüzlerinde beliren ifadeler çok eğlendirici olabilir ve ağızdan kaçan sırlar da ilerde epey para edebilir!

6. Sırası gelmeyen sayfaları okumayın

Bu tavsiyemiz, polisiye bir romanı okumaya başlamadan önce katilin kim olduğunu öğrenmek için son sayfaya bakanlara. Neden sürprizleri bozasınız ki? "Ben zaten biliyordum" demek bu kadar mı tatmin ediyor sizi?

7. İnsanların tepkilerini izleyin (kendinizinkiler de dahil)

Bu kitaptaki senaryolara verilen açıklamalar kendiniz ve başkaları hakkında daha fazla şey öğrenmek için sadece bir başlangıç noktasıdır. Kimi zaman bir başkasının bir soruya verdiği beklenmeyen cevap, yazılan açıklamadan çok daha öğretici (ve eğlendirici) olabilir.

8. Açık fikirli olun

Tıpkı hayatta olduğu gibi Kokoloji oynarken de olayları bir perspektif dahilinde tutmak önemlidir. Tek bir doğru cevap ve tek doğru yorum yoktur. Eğer arkadaşlarınızla oynuyorsanız, onları keşfetme fırsatını değerlendirin. Eğer hepimiz aynı şeyi düşünüyor olsaydık dünya hiç eğlenceli bir yer olmazdı. Çeşitlilik hayatın tuzu biberidir.

kokoloji

ÇÖLDE YOLCULUK

Masanızın üstü bitmemiş işlerle dolu. İş arkadaşlarınız çoktan evlerine gitmiş. Saate bakıyorsunuz, o da size bakıp gülüyor. İçinizde gittikçe ağırlaşan bir duyguyla, işleriniz acaba hiç bitmeyecek mi diye düşünüyorsunuz.

Profesör dünyanın en sıkıcı konusu hakkındaki üç saatlik derste anlatıyor da anlatıyor. Defterinizde karalama yapmak için hiç boş yer kalmadı ve dersin daha sadece yarım saati geçti. Zamanın içinde donduğunuzu hissediyorsunuz.

Beklemek kimi zaman herhangi bir anlık acıdan çok daha özel bir tür işkencedir. Can sıkıntısı ve bunalma bir araya geldiğinde en sağlam insanı bile paniğe uğratabilir. İlk yolculuğumuz bizi sonsuzluk ile yüz yüze getirecek. Kendinizi hazırlamak için bir dakika bekleyin ve uçsuz bucaksız çöle girin.

1. Hiç sonu yokmuş gibi görünen ıssız ve geniş bir çölde bir deveye binmiş gidiyorsunuz. Yorgunluktan bitap düşene kadar deveyi sürdünüz. Sizi taşıyan deveye hangi sözcükleri söylersiniz?

2. Tam susuzluktan öleceğinizi düşünürken önünüzde çok güzel bir vaha göründü. Ama birisi sizden önce oraya varmış.

Bu diğer yolcu kimdir? Tanıdığınız birinin adını verin.

3. Çölde zaman çok yavaş geçiyor ve uzaktan bir kasabanın ışıkları görünene kadar sanki asırlar geçti. Nihayet varacağınız yere geldiniz. Yolculuğunuzun sonuna geldiğinizde neler hissediyorsunuz?

4. Uzun zamandır üzerinde ilerlediğiniz deveyle ayrılma zamanı geldi. Deveden inerken yeni bir sürücü geliyor ve sizin kalktığınız eğere oturuyor. Yeni binici kimdir? Hayatınızdaki bir başka kişiyi seçiniz.

ÇÖLDE YOLCULUK İÇİN ANAHTAR

Buradaki çöl ve deve, kişisel bağımsızlık yolculuğunu sembolize eder. Tam olarak söylemek gerekirse bu senaryo sizin sevgilinizden ayrılmanız durumundaki duygularınızı açığa çıkarır. Cevaplarınız yollarınızı ayırma vakti geldiğinde nasıl tepki vereceğinizi gösterir.

1. Deveye söylediğiniz sözcükler aşkın bittiğini fark ettiğinizde kendi kendinize söyleyebileceğiniz şeylerdir. Şöyle cesaret verici sözler mi söylediniz: "Bir şekilde başaracağız!" ya da "Merak etme, bu sonsuza kadar böyle gidemez." Yoksa karamsar bir havanız mı vardı? "Kaybolduk, hiç umut yok, sanırım burada öleceğiz?"

2. Psikoloji terminolojisinde vaha, kişinin sorunlarını çözmesini sembolize eder. Burada karşılaştığınız kişi sizi rahatlatmış, size yardım etmiş ya da ileride ihtiyacınız olduğunda yardımını isteyebileceğiniz birisi olabilir.

3. Yolculuğun sonunda vardığınız kasaba kırık kalbiniz iyileştiğinde duygularınızın yeniden yola girmesini sembolize eder. Kasabaya vardığınızda hissettikleriniz biten aşkınız hak-

kındaki gerçek hislerinizdir.

4. Yeni binici sizin gizlice rekabet, kıskançlık hisleri beslediğiniz ya da için için kızdığınız birisidir. İsmini verdiğiniz bu kişi aşkta bir rakibiniz mi, yoksa bir zamanlar kalbinizi kırmış olan birisi mi?

MAVİ KUŞ

Bir gün bir mavi kuş aniden camınızdan içeriye giriyor ve dışarıya çıkamıyor. Bu yolunu şaşırmış kuşta sizi çeken bir şey var ve onu beslemeye karar veriyorsunuz. Ama ertesi gün kuşun rengi sizi şaşkınlığa düşürerek maviden sarıya dönüşüyor! Bu özel kuş ertesi gün gene renk değiştiriyor. Üçüncü günün sabahında parlak bir kırmızı ve dördüncü gün tamamen siyah oluyor. Beşinci gün uyandığınızda kuşun rengi nedir?

1. Renk değiştirmiyor, siyah kalıyor.
2. İlk rengi olan maviye dönüyor.
3. Beyaz oluyor.
4. Altın rengi oluyor.

MAVİ KUŞ İÇİN ANAHTAR

Uçup odanıza giren kuş, iyi bir şans sembolü gibi görünmektedir. Ama aniden renk değiştirerek bu mutluluğun uzun sürmeyeceği konusunda endişelenmenize neden olur. Bu duruma verdiğiniz tepki gerçek hayattaki zorluklara ve belirsizliklere vereceğiniz tepkileri gösterir.

1. Kuşun renk değiştirmediğini, siyah kaldığını söyleyenler karamsarlardır:

Durum bir kez kötüye gidince bir daha asla düzelmeyeceğini mi düşünüyorsunuz? Belki de şöyle düşünmeye çalışmalısınız: Eğer bu en kötü durumsa o zaman işler daha kötüye gidemez. Unutmayın, hiç dinmeyen yağmur yoktur ve en karanlık gecenin sabahında bile mutlaka güneş doğar.

2. Kuşun yeniden maviye döndüğünü söyleyenler iyimserlerdir:

Hayatın iyi ve kötünün bir karışımı olduğuna inanıyorsunuz ve gerçekle savaşmakla bir şey elde edilemeyeceğini biliyorsunuz. Şanssızlığı soğukkanlılıkla kabulleniyorsunuz ve olayları strese ya da endişeye kapılmadan kendi akışına bırakıyorsunuz. Bu da size şanssızlığın dalgalarında sürüklenmek yerine onlarla birlikte yol almayı sağlıyor.

3. Kuşun beyaza döndüğünü söyleyenler baskı altında sakin ve kararlı davranabilenlerdir:

En kötü zamanlarda bile kaygılanmakla ya da kararsızlıkla zaman kaybetmiyorsunuz. Eğer durum çok kötüleşirse o zaman gereksiz bir üzüntünün bataklığına gömülmeden kayıplarınızı bir kenara atıp amacınız için kendinize yeni bir yol seçiyorsunuz. Bu iradeli tutumunuz, işlerin hep yolunda gitmesini sağlıyor.

4. Kuşun altın rengine döndüğünü söyleyenler korkusuzlardır:

Siz baskının anlamını bilmiyorsunuz. Size göre her kötü durum bir fırsat. Napolyon ile kıyaslanabilirsiniz, demiş ki, "İmkânsız: bu sözcük Fransızca değildir." Ancak sonsuz güveninizin sizi gafil avlamasına izin vermeyin. Korkusuz ile çılgın arasındaki çizgi çok belirgin değildir.

KONSERDE BİR GECE

Bir senfoni orkestrasının konserine gitmek insanda heyecan ve coşku gibi büyülü duygular uyandırır. Diğer müzisyenlerle birlikte sahne aldığınızı hayal edin, hayatta bir kere ele geçecek bir fırsatla en üstün performansınızı gösteriyorsunuz.

Eğer orkestraya katılabilseydiniz hangi enstrümanı çalıyor olurdunuz?

1. Keman.
2. Kontrbas.
3. Borazan.
4. Flüt.

KONSERDE BİR GECE İÇİN ANAHTAR

Müzik enstrümanları karşı cinsin üyelerini sembolize eder. Çaldığınız enstrümanla bütünleşmeniz sizin aşk müziğini nasıl çaldığınızı düşündüğünüzü gösterir. Seçtiğiniz enstrüman size göre sevişmenizdeki en güçlü yanı ortaya koyar.

1. Keman:

Keman duyarlı parmak çalışması ve gerili tellerden müziği çekip almak için yayı incelikle tutmak ister. Siz de kendinizde eşinizin en duyarlı noktalarını bulmak ve çalmak için gerekli farkındalık ve yeteneğin olduğuna inanıyorsunuz. Parmaklarınızı hep aynı tanıdık notalar üzerinde dolaştırarak harikulade bir müzik yaratabiliyor olmanızın ardında maceracı bir ruh saklı.

2. Kontrbas:

Kocaman bir kontrbasın arkasına geçmenin ve ondan dehşetli bir inleme sesi çıkarmanın kişiye verdiği özel bir güç vardır. Aşktaki yeteneğiniz eşinizin size boyun eğmesini sağlamaktan, tüm gücü elinizde tutmaktan ve onu deneyimlemeyi aklına bile getiremeyeceği zevkler yaşatmakta saklı. Siz izin istemiyorsunuz ama karakterinizin en çekici yanı bu: Hükmedicilik.

3. Borazan:

Artık saklayamazsınız, ağzınız cephaneliğinizin en güçlü silahı. İster sevdiğinizin kulağına aşk nağmeleri fısıldamak olsun, ister kulağını dudaklarınızla keşfetmek olsun, siz bir "ağız kişiliği"nin tüm özelliklerini taşıyorsunuz.

4. Flüt:

Flüt, çalmak isteyenlerin olağanüstü sabır göstermeleri gereken bir enstrümandır. Siz aynı sabrı ısrarcılık, kararlılık ve dayanıklılığınızla eşinizi zorlamak için kullanıyorsunuz. Sevgiliniz genellikle küçük bir resital beklerken altı oktavlık bir konçertoya maruz kalıp şaşırıyor.

DOĞUM GÜNÜNÜZDE...

Doğum gününüz senede tek bir gün ve her şeyin olduğundan biraz daha iyi olması gerektiğine inandığınız bir gündür. İyi dilekler, tebrikler, hediyeler ve kartlar hatta belki de iki kişilik romantik bir yemek.

Bugün doğum gününüz ve hiç tahmin etmediğiniz birinden kart aldınız. Kim yollamış bu kartı? Ayrıca ailenizden ve arkadaşlarınızdan hediyeler aldınız. Bu hediyelerin arasındaki en büyük paket kimden gelmiş? Testi cevaplarken hayatınızda olan kişilerden seçim yapınız.

DOĞUM GÜNÜNÜZDE... İÇİN ANAHTAR

Verdiğiniz cevaplar hayatınızdaki insanlar hakkındaki belki farkında bile olmadığınız gerçek hislerinizdir.

Hiç beklemediğiniz halde kart yollayan kişi size daha fazla şefkat ya da daha fazla ilgi göstermesini istediğiniz kişidir. Kısacası kartı gönderen kişi sizin uzaktan hayranlık duyduğunuz biridir. Az tanıdığınız birisi mi, yaklaşmaktan çekindiğiniz birisi mi, yoksa uzun zamandır haber alamadığınız bir arkadaşınız mı? Belki de bu mesafeyi aşmak için ilk adımı sizin atmanızın zamanı gelmiştir?

Size yollanan en büyük paketi, size yollayana duyduğunuz sevginin ölçüsü ile bağdaştırabilirsiniz. Yüzeyde böyle görünse bile psikolojik açıdan bakıldığında size en büyük paketi yollayan kişinin size olan duygularını görmezden geliyorsunuz. Bunun anlamı ona saygı duymadığınız değil, size olan duygularına güvendiğinizdir. Bu güveni aşırıya kaçırmamaya dikkat edin. Size güven gibi gelen şey başkalarına bencillik gibi gelebilir.

SERGİDEKİ RESİMLER

Bazen işlerinizin yoğun akışından zaman bulup kültür sanat aktivitelerini takip etmek hoş bir deneyimdir. Bazılarımız konsere ya da tiyatroya gideriz, kimisi dans etmeyi ya da bir enstrüman çalmayı öğrenir, diğerleri el sanatlarına yönelir. Ve elbette istediğimiz zaman müzeye gidebiliriz.

Bir sanat müzesinde bir resmin önünde elleriniz arkanızda kenetlenmiş, eseri anlamaya çalışarak duruyorsunuz. Yanınıza hiç tanımadığınız biri geliyor ve size bir şey söylüyor. Yabancı aşağıdakilerden hangisini söylüyor?

1. "Çok güzel bir resim değil mi?"
2. "Bu resim hakkında ne düşünüyorsunuz?"
3. "Özür dilerim, saatiniz kaç?"
4. "Biliyor musunuz, ben de bir ressamım?"

SERGİDEKİ RESİMLER İÇİN ANAHTAR

Bir yabancı aniden sizinle konuştuğu zaman daima bir anlık korku ve beklenti karmaşası yaşanır. Bu hayali senaryoda yabancının konuştukları aslında sizin yabancılarla karşılaştığınızda nasıl tepki verdiğinizi gösterir. Cevabınız ise birisiyle ilk karşılaştığınızda bıraktığınız etkinin nasıl olduğunu açıklar.

1. "Çok güzel bir resim değil mi?":
Arkadaş canlısı ve olumlu karakteriniz, karşılaştığınız hemen herkeste harika bir ilk izlenim bırakıyor. Tek düşünmeniz gereken insanların sizi ilk başta ciddiye almaması olabilir.

2. "Bu resim hakkında ne düşünüyorsunuz?":
Siz herhangi bir taahhütte bulunmadan önce diğer insanın huyunu suyunu iyice bilmek isteyenlerdensiniz. İnsanlar bunu sezerler ve bu da size olan davranışlarını etkileyebilir. Temkinli davranışlarınızla kimseyi incitmezsiniz belki ama başkalarının kurallarına göre yaşamak zorunda kalabilirsiniz.

3. "Özür dilerim, saatiniz kaç?":
Dünyada yaşayanların yarısına normal geliyorsunuz ama diğer yarısı sizin biraz garip olduğunuzu düşünüyor. İlk yarattığı-

nız izlenim kendi hızında ve kendi kuralları ile yaşayan bir kişi olduğunuz ve bu da bazıları tarafından tuhaf olarak nitelendirilir. Başkalarının ne düşündüğüne ya da ne hissettiğine fazla önem vermiyorsunuz.

4. “Biliyor musunuz, ben de bir ressamım?”:

Birisiyle ilk defa karşılaştığınızda biraz gergin ve aceleci davranıyorsunuz. Beğenilmek için gereksiz çabalarda bulunuyorsunuz ama ne kadar fazla çabalarsanız, bıraktığınız izlenim de o kadar kötüleşiyor. Başkalarının sizin harika olduğunuzu düşünmeleri konusunda fazla endişelenmeyin. Eğer biraz rahatlar ve doğal davranırsanız sizi daha çok severler.

DAĞLARDA

Doğanın bizi kendisine çeken bir gücü vardır. Hepimiz doğanın çocuklarıyız, onun kollarına doğduk ve bizlere cömertçe sundukları ile yaşıyoruz. Teknolojide ne harikalar yaratılırsa yaratılsın ancak doğaya döndüğümüzde gerçekten yaşamla dolarız. Tıp bilimi istediği kadar ilerlesin en iyi ilaç doğanın kendi iyileştirme gücü olarak kalacaktır.

Bir sonraki yolculuğunuz o yeşil dünyaya geri dönmek olacak. Hangi dekor kendi doğal halinizi keşfetmek için daha uygundur?

1. Çok nadir bir taşı bulmak için bir dağa tırmanmak üzere yola çıkıyorsunuz. Dağın eteklerinde durduğunuzda dağ hakkında neler düşünüyorsunuz?

2. Zorlu bir arayıştan sonra taşı hâlâ bulamadınız ve şimdi de güneş battı. Ne yapacaksınız?

3. Sonunda aradığınız taşı buldunuz. Ne tür bir taş? Boyunu, ağırlığını ve değerini tanımlayın.

4. Artık dağdan inme ve evinize dönme zamanı. Dağla vedalaşmak için ona neler söylersiniz ve dağın cevabı ne olur?

DAĞLARDA İÇİN ANAHTAR

Önünüzde yükselen dağ babanızı ya da hayatınızdaki bir baba figürünü temsil eder. Psikoloji terminolojisinde "bilge yaşlı adam" örneğinin tezahürüdür. Aramakta olduğunuz taş, yetişkin bağımsızlığınızı kazanmak için yaptığınız yolculukta kendinizde keşfetmeniz gereken yetenek ve güçleri sembolize eder.

1. Dağ hakkındaki düşünceniz babanızın gözünüzde nasıl biri olduğunu gösterir. Zor ve bağışlamaz mıydı? Yumuşak başlı ve kolayca fethedilebilir miydi? Yoksa vardığınızda sizi karşılayacak ve arayışınızda sizi cesaretlendirecek olağanüstü bir zirve mi hayal ettiniz?

2. Aramakta olduğunuz taş henüz ortaya çıkmamış bir yeteneğinizi ya da gücünüzü temsil eder. Bu soruya verdiğiniz cevap, bu ortaya çıkmamış potansiyelin farkına varıp varamayacağınızı gösterir.

Her ne pahasına olursa olsun taşı aramaya devam edeceklerini söyleyenler aynı kararlılık ve inatçılığı, çabaları meyve vermediği zamanlarda da sürdürürler.

O günlük araştırmaya son vereceklerini ama tekrar geleceklerini söyleyenler, hızlarını ayarlayıp çabalarını uzun bir zaman dilimine yayanlardır. Bu grupta geç açılacak birçok kişi vardır. Taşı aramaktan tamamen vazgeçenler, hiçbir zaman potansiyellerini sonuna kadar kullanamayacak olanlardır.

3. Taşı tanımlayan sözcükleriniz kendi değeriniz hakkında hissettiklerinizdir. Ne büyüklükte ve ne ağırlıktaydı ve değerinin ne kadar olduğunu düşünüyorsunuz?

"Valla yirmi dolar civarında bir şeydi," bu pek de yeterli bir tahmin değil, değil mi?

"Milyonlarca dolar değerinde, kocaman bir pırlantaymış meğerse!" Bir dakika, bir dakika kendimizi bu kadar da övmeye gerek yok.

4. Dağ ile vedalaşırken söyledikleriniz babanıza daima söylemek istediğiniz ama söyleyemediğiniz şeylerdir. Dağın verdiği cevap babanızın size karşı olan duygularıdır.

Siz: "Her şey için teşekkürler."

Dağ: "Kendine iyi bak."

Böyle bir konuşma mıydı?

Yoksa daha çok böyle miydi?

Siz: "Görünüşe bakılırsa nihayet seninle işim bitti."

Dağ: "Aynen öyle."

Belki de babanızın ve sizin oturup konuşma zamanınız gelmiştir.

UNUTULMUŞ CÜZDAN

Her zamanki gibi bir sabah. Kapıdan koşarak çıkmadan önce son hazırlıklar. Saç? Tamam. Giysiler? Tamam. Her şey hazır...

Her zamanki saatte yola koyuldunuz ama yarı yolda cüzdanınızın her zaman koyduğunuz yerde olmadığını fark ettiniz. Hızlıca bir arama, felaketi ortaya koydu: Evde unutmuşsunuz! Ve geri dönüp alacak kadar zamanınız yok. Ne kadar bozukluğunuz olduğuna bakmak için ceplerinizi ve çantanızı aramaya başladınız. Kaç para buldunuz?

UNUTULMUŞ CÜZDAN İÇİN ANAHTAR

Bulduğunuz para miktarı gün içinde unuttuğunuz, orada olduğunun farkına varmadığınız parayı temsil eder. Aynı zamanda başkalarına ödünç vermekten rahatsız olmayacağınız para miktarını da gösterir. Tam olarak ne kadar para bulmuştunuz?

Beş, on lira civarında? Akla yatkın bir miktar.

Yüz lira fazla? Herhalde maaş gününden önce arkadaşlarınızın en sevdiği kişi sizsiniz.

Hiçbir şey? Belki de parasızlık çekiyorsunuz ya da cimrisiniz.

MAVİ PALTO, SARI PALTO

Kasaba meydanında çam ağacının ışıklarının yakılması için toplanmak insanlara, bir topluluk olarak bir araya gelmek ve bir yılın daha bitişini kutlama şansı verir. Hem nostalji zamanıdır, hem de yeni hatıralar yaratma şansı. İnsanlar bayram sevinci taşırlar, tanımadığınız kişiler bile yakındır ve her yerde sıcak bir hava eser.

Geceleyin hava soğuk, bir grup arkadaşınız ve tanıdıklarla beraber ağacın ışıklarının yakılmasını seyretmeye geldiniz. Birlikte olduğunuz kişilerden biri sarı bir palto, diğeri ise mavi bir palto giyiyor. Sarı ve mavi palto giyenler kimler? Seçiminizi tanıdığınız insanlar arasından yapınız.

MAVİ PALTO, SARI PALTO İÇİN ANAHTAR

Psikolojide sarı gibi parlak renkler sıcak ve olumlu duygular, mavi gibi sakin renkler soğuk ve olumsuz duygularla bağdaştırılır. Kendiniz bile şaşırabilirsiniz ama sarı palto giyen kişi için seçtiğiniz sizin çok sevdiğiniz ya da sizi çok mutlu eden biriyken mavi palto giyen kişi için seçtiğiniz ise, size soğuk gelen kişidir.

YILDIZLAR DİYOR Kİ

Geceleyin yıldızlarla dolu gökyüzüne baktığınızda bazen uzayın sonsuz derinliklerinde kaybolmak mümkündür. Onların dünyadan inanılmaz uzaklıkta olduklarını bilsek de karanlıkta ışıldadıklarını gördüğümüzde bize rüyalarımızı gerçekleştirecek dost haberciler gibi gelirler. Gece ilerledikçe yukarıya bakıp çok uzaklardaki bu gücün üzerimize olduğunu bilmek bize huzur verir.

Şimdiki oyun için kâğıt ve kaleme ihtiyacınız olacak.

1. İlk olarak üç tane, değişik boyda yıldız çizin.

2. Sonra bu yıldızlardan birine (ama sadece birine) bir kuyruk çizin.

YILDIZLAR DİYOR Kİ İÇİN ANAHTAR

Yıldızlar sanki uzaklık ve erişilmezlikle beraber dileklerimizi yerine getiren parıltılı bir güce sahiptirler. Yıldızlar şimdi yaşadığımız anı belirleyip gelecekte olacaklara dair ipuçları verirler. Çizdikleriniz iş hayatınızı, özellikle şu andaki kariyer durumunuzu gösterir.

1. Çizdiğiniz yıldızlar içinden en büyüğü şu andaki işinizi, yapılabilecekleri ve hayal kırıklıklarınızı gösterir. Eğer bu ve diğer iki yıldız arasındaki boy farkı fazla değilse bunun anlamı işinizden memnun olmadığınız, başka bir iş aramak istediğinizi gösterir. İnsan kaynaklarından beklenmedik bir telefon çağrısı gelebilir. Böyle şeyleri sezmekte üstlerine yoktur.

Eğer iş yıldızınız diğerlerinden göze çarpacak bir şekilde büyükse anlamı şu andaki işinize çok bağlı olduğunuz ve canla başla çalıştığınızdır. İşkolik olma tuzağına düşmemek için özen göstermelisiniz. Sadece çalışarak yaşamak, yaşamak değildir.

2. Tarih boyunca dünyanın tüm kültürleri kuyruklu yıldızları felaket habercisi olarak görmüşlerdir. Kuyruk çizdiğiniz yıldız ufukta bekleyen sıkıntıyı temsil eder. Eğer küçük yıldızlardan birine kuyruk çizmişseniz şanslısınız, yukarda biri sizi sevi-

yor demektir. Ama eğer büyük yıldızınıza kuyruk çizdiyseniz iş başvuru bilgilerinizi tazelemenizin zamanı gelmiş demektir. Yıldızlar asla yalan söylemez.

TATLI HATIRALAR

Çocukluk hatıralarında kalbimizin hızla çarpmasına ve zamanı geri çevirmek istememize neden olan ne vardır? Masumiyete geri dönüş mü, yoksa sadece yeniden kendimizi genç hissetmek mi? O günler her oyuncağın, her bebeğin, her oyunun birer hazine olduğu günlerdi. Kısa bir zaman için bile olsa geçmişi yeniden yaşamak için antika ve hatıra eşya biriktirme çılgınlığının kökenleri, bu çocukluk duygularına dayanır. Şimdi yapacağımız bizi o saf zamanlara götürecek; sokağın sonundaki bakkal dükkânına gitmek. Belki de geride bıraktığınıza inandığınız çocukluğunuzu orada bulacaksınız.

1. Bakkal dükkânında raflar dolusu tanıdık şeker buldunuz, çocukluğunuzdaki çikolatalar, sakızlar ve şekerler. Bazıları raflara muntazam olarak dizilmiş, bazıları sepetlerde, bazıları da kavanozlarda. İlk olarak ne seçtiniz ve neden seçtiniz? Seçim nedeninizi detaylı olarak açıklayın.

2. Dükkânda dolaşıp alacaklarınızı seçerken dışarıda dükkâna girmeye hazırlanan bir grup çocuk gördünüz. İçeriye kaç çocuk girdi?

3. Alışverişinizi yaptınız ve bir torba şekerle eve döndünüz. Ama torbayı açtığınızda dükkân sahibinin size ikram olsun diye birkaç tane daha şeker eklediğini gördünüz. Kaç tane şeker hediye etmiş?

4. Aldığınız şekerleri birisine hediye vermek istiyorsunuz. Kime vermek isterdiniz?

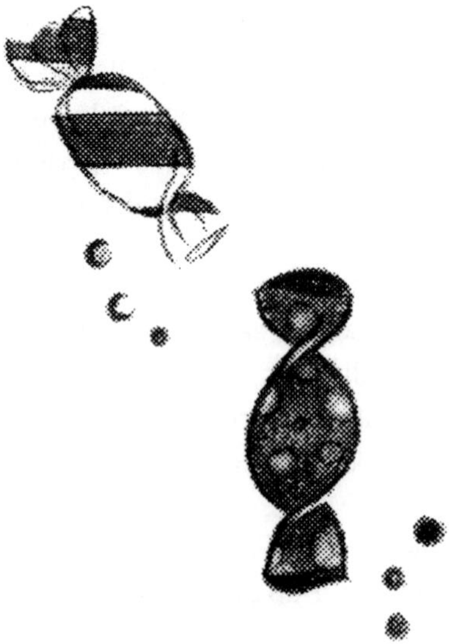

TATLI HATIRALAR İÇİN ANAHTAR

Tatlı teması sizi zaman zaman küçük hediyeler ve hatta şımartılmayı beklediğiniz o çocukluk çağına geri götürür. Bu senaryo başkalarından beklediklerinizi ve başkalarına olan bağımlılığınızın derecesini betimler.

1. Neredeyse sınırsız bir yelpazeden ilk olarak ne seçtiniz? Daha önemlisi neden onu seçtiniz? Seçimizin arkasında yatan neden, aslında başkalarından en çok istediğiniz şeyi gösterir.

Eğer "İçinde sürpriz hediye olan şu paketi alayım," demişseniz, insanların birbirlerine hediye vermelerini hoş karşılayan birisiniz (ve hatta eli boş gelenlere pek de olumlu yaklaşmayan biri olabilirsiniz). Fazla materyalist olmamaya dikkat etmelisiniz. Unutmayın ki hayatta paketlerden çıkan hediyelerden çok daha önemli şeyler vardır.

Eğer tadının ne kadar güzel olduğunu hatırladığınız için ya da sizde geçmişe özlem uyandırdığı için bir şeker seçtiğinizi söylediyseniz, çocukken annenizden gördüğünüz gibi ilgiye ve şefkate ihtiyacınız var demektir. Eğer erkekler bu şekilde cevap verirlerse bu onların "ana kuzusu" olarak algılanabileceklerini gösterir.

Eğer kararınızı dış görünüşe göre, mesela "Kâğıdını beğendim," ya da "Güzel görünüyordu," gibi bir nedenle verdiyseniz demek ki sadece dış görünüşe göre karar veren birisiniz. Unutmayın ki yiyecek olduğunuz şekerdir, kâğıdı değil.

2. Siz dükkândayken içeri giren çocuk sayısı hayatınızda bağımlı olduğunuz kişi sayısını göstermektedir. Hayatta hepimiz desteğe gereksinim duyarız. Bu ister yaptığınız iş için fiziksel yardım olsun, isterse sevdiğimiz insanlardan duygusal destek olsun hiçbirimiz hayatımızı tek başımıza yaşayamayız. Ama sırtımızı tamamen başkalarına dayamanın da kişisel bağımsızlığımızı kazanamayacağımız anlamına geldiğini unutmamalıyız.

Çoğu kişi dükkâna bir ile beş arasında çocuğun girdiğini hayal eder. Dükkâna beşten fazla çocuk girdiğini hayal edenlerin yetişkin bağımsızlıklarını kazanmaları için henüz uzun bir yol kat etmeleri gerek demektir. Ama dükkâna hiç çocuk girmediğini söyleyen kişilerin de dünyaya bakış açılarını gözden geçirmeleri gerekir.

3. Paketten çıkan bedava şeker sayısı annenize hâlâ ne kadar muhtaç olduğunuzun seviyesini gösterir. Dükkân sahibinin size gösterdiği ilgi annenizden beklediğiniz ilginin miktarını simgeler. Çoğu yetişkin bu soruyu bir ya da iki parça olarak cevaplar. Eğer on ya da yirmi diye cevap verdiyseniz kanatlarınızı biraz çalıştırmalı ve uçup yuvadan biraz uzaklaşmalısınız.

4. Şekerleri kime vereceksiniz? Bu kişi sizin zamanı geldiğinde bakmak istediğiniz ya da çoktan size bağımlı olan birisi-

dir. Ebeveyninize verdiğinizi mi söylediniz? Dileğinizin gerçekleşmesi için fazla zaman geçmeyebilir.

Eşiniz ya da gizlice hoşlandığınız birisi miydi? Onlara bakmak bir ya da iki gün için eğlenceli olabilir ama sonrasında can sıkıntısına dönüşebilir.

Yoksa şekerleri kimseye vermeyeceğinizi mi söylediniz? Bağlantıları çok az olan bir hayat istiyorsunuz, dünyadan çok az şey beklediğiniz için aynı anlayışı da karşıdan istiyorsunuz. Bu bireyci yaklaşımınız, paylaşmak zorunda kalmayacağınız anlamına gelebilir, fakat aynı zamanda paylaşacak kimseniz olmadığı anlamına da gelebilir.

EĞLENCE PARKINDA

Normal ve mutlu bir hayat süren insanlar için bile öyle bir an gelir ki her şey biraz sıkıcı olur. Elbette ertesi günün iyi bir gün olacağını bilmek hoş bir şeydir ama çok fazla sürprizsiz bir hayat insanı köreltir. Ama biz o günlük rutinden kaçmanın bir yolunu biliyoruz, kısa bir süre için de olsa. Cevap uyarım ve heyecan aramakta yatar. Bu, günlük hayatın bile değerini bilmemizi sağlayacak bir sırdır.

Hayatımıza nasıl heyecan katarız? Film seyrederek, yolculuk yaparak, spor yaparak ve şans oyunları oynayarak... Ya da belki de heyecanın fantezi ile kaynaştığı bir eğlence parkına giderek. Çocukluğun o heyecan ve eğlence dolu dünyasına bir yolculuk yapalım.

Bu test için bir kâğıt ve kaleme gereksiniminiz olacak.

1. Parkın kapısından girdiniz ve önünde sıra bekleyen insanlardan oluşmuş bir kuyruk ile roller coaster (hız treni) belirdi. Binmek için sırada ne kadar bekleyeceksiniz?

2. Nihayet sıranız geldi ve hızla savrularak trende gidiyorsunuz. Hız sizde nasıl duygular uyandırıyor?

3. Seyrin en heyecanlı noktasında tren su dolu bir havuza daldı ve siz ıslandınız. Tam o anda ne diye bağırır ya da haykırırsınız?

4. İkinci olarak atlı karıncaya binmeye karar verdiniz. Ama tam dönerken bir nedenden ötürü sizin bindiğiniz at bozuldu, hareket etmiyor. Ata ne dersiniz?

5. Hız treni maceranız heyecanlıydı ama yeterli değildi. Eğer mükemmel bir hız treni tasarlayacak olsanız nasıl olurdu? Yolu detaylı olarak çiziniz.

EĞLENCE PARKINDA İÇİN ANAHTAR

Parkta iyi vakit geçirdiniz mi? Psikolojide ritmik aşağı yukarı hareketler cinsel heyecanı temsil eder. Yani bu beş soruya verdiğiniz cevaplar sizin sekse bakışınızı betimler.

1. Sırada beklediğiniz süre ön sevişmeye ayırdığınız ya da sevgilinizin ayırmasını istediğiniz süreyi gösterir.

Trene binmeden önce kuyrukta saatlerce beklediniz mi, yoksa hiç beklemeden atladınız mı?

2. Trenin seyri sırasındaki duygularınız sevişirken neler hissettiğinizi anlatır.

"Hayatımdaki en güzel tren yolculuğuydu!" mu dediniz yoksa tepkiniz daha çok "İndirin beni bu şeyden! Sanırım kusacağım!" gibi miydi?

3. Jung sembolizminde su, hayatın kaynağı olarak tanımlanır. Tren su dolu havuza girdiğinde söyledikleriniz sevişmenin doruğuna ulaştığınızda söyleyeceklerinizle eştir.

Umarız sabahleyin söylediğinize pişman olacağınız şeyler söylememişsinizdir.

4. Psikoseksüel terimler içinde at, erkeği temsil eder. Bozulan atınıza söyledikleriniz sevişme sırasında oluşacak bir başarısızlıkta kendinize ya da eşinize söyleyeceklerinizdir.

"Hiç önemli değil, takma kafana. Bu sadece bir seferlik bir şey." Gerçekten şefkatli ve affedici bir kişiliğiniz var.

"İnanamıyorum. Paramı geri istiyorum!" Siz dediniz ben değil!

"Hadisene salak hayvan, deh!" Amanın!

5. Çizdiğiniz mükemmel hız treni yolu, sizin mükemmel cinsel hayat tanımınızdır.

"Roller coaster" yolunun iniş çıkışları sevişmenin heyecanlı ve sakin anlarını tanımlayan bir mecazdır. Uzun ve yavaş bir tırmanışın arkasından ürkütücü bir dalış mı? Bir dizi akrobatik ve 360 derece dönüşler mi? Ya da belki tasarımınızda bütün seyir baş aşağı ve geri geri gidiyordu? Endişelenmeyin sırrınız bizde saklı kalacak.

SADECE İNSANSINIZ

"İnanamıyorum! Nasıl bu kadar aptalca bir şey yapabildim?" Bu sözleri söylemek için pek çok fırsatımız olur. Yanmış ekmek, kâğıtlardaki kahve lekesi, çalar saate rağmen uyanmamak, çarpılan ayak parmağı, otoyolda kaçırılan çıkışlar... Arada bir yanlış yapmak insan doğasında vardır. Kimse mükemmel değildir ve bunu hepimiz gün içinde ispatlarız. Bir dahaki sefere bir başkasının yanlışına gülmeden önce bunu hatırlamaya çalışın. Siz de, ne zaman işe birbirinden farklı çoraplar giyip gideceğinizi bilemezsiniz.

Sokakta bambaşka şeyler düşünerek yürürken bir çöp tenekesine çarpıp devirdiniz. Kapağın altından yola neler döküldü?

1. Hiçbir şey, teneke boştu.

2. Bir yığın torbalanmamış çöp yola saçıldı.

3. Elma koçanları, tavuk kemikleri ve başka yemek artıkları.

4. Gayet güzel bağlanmış siyah bir çöp torbası.

Dikkatsizlikle bir çöp tenekesi devirdiniz, atılması için düzgün bir şekilde toplanmış ve üstü örtülmüş bir şeyi dünyanın

SADECE İNSANSINIZ İÇİN ANAHTAR

gözleri önüne serdiniz. Çöp tenekesinin içinde olduğunu düşündüğünüz şeyler sizin dış dünyadan saklamaya çalıştığınız şeylerdir.

1. Hiçbir şey, teneke boştu:
Bu cevabı veren kişiler hayatlarını ortaya sermeden ya da olduklarından başka görünmeden yaşarlar. İçleri neyse dışları da odur. Çekiciliklerini saf dürüstlüklerine borçludurlar.

2. Bir yığın torbalanmamış çöp yola saçıldı:
Tenekenin içinin torbalanmamış çöple dolu olduğunu söyleyenler dış dünyaya karşı açık bir görünüm sergileseler de aslında içleri ifade edemedikleri duygularla doludur. Bu duyguları sadece genel bir sıkıntı olarak hissederler ama eğer düşünürlerse gerçekten hissettiklerini söyleyecekleri yerler olduğunu fark edeceklerdir.

3. Elma koçanları, tavuk kemikleri ve başka yemek artıkları:
Bir yığın mutfak artığı hayal edenler iştahlarını ve yemeğe karşı doğal isteklerini bastıran kişilerdir. Belki de diyet yapıyor-

sunuz. Ya da yemekten kısarak para artırmaya çalışıyorsunuz. Şartlarınız herneyse bu sizi etkiliyor. Fazla abartmaya gerek yok ve arkadaşlarınızla bir restoranda güzel bir gece geçirmek size iyi gelecek.

4. Gayet güzel bağlanmış siyah bir çöp torbası:

Güzelce bağlanmış bir çöp torbası hayal etmiş olanların kendilerini kontrol duyguları çok gelişmiştir. Siz zayıflık göstermekten ya da şikâyet etmekten nefret edersiniz çünkü gururunuz buna izin vermez. Ama başkalarının neler hissettiğinizi bilmesi, zayıflık belirtisi değildir. İpleri biraz gevşetin de o çöpler kokmaya başlamadan önce içeriye birazcık hava girsin.

ABRAKADABRA

Havada dans eden kartlarla oynamak... İpekli silindir bir şapkadan çıkan tavşanlar... Bir duman bulutunun içinde kayboluveren güzel bir asistan. Sahne sihirbazlığı basit bir kandırmacanın eğlenceye dönüştüğü bir meslektir. Gösteriyi seyrettiğiniz sürece kandırıldığınızı bilirsiniz ama ne kadar düşünürseniz düşünün, ne kadar dikkatle izlerseniz izleyin tüm numaraları çözemezsiniz. Ama her nasılsa akıllıca bir numara ve bir el çabukluğu gösteriyi eğlenceli kılar ve size de arkanıza yaslanıp seyretmek kalır. Bir sihirbazın en önemli hazinesi, sahnenin hazırlanmasındaki ya da numaraların gerçekleşmesindeki başarı değil, seyircinin inanmak istemesini sağlama yeteneğidir.

Aynı yeteneğe sahip olmak güzel olmaz mıydı? İşte şimdi bu büyük fırsat ayağınıza geldi. Seyirciniz bekliyor ve perde açılmak üzere!

1. Sahne alan bir sihirbazsınız ve uzun bir tura başlamak üzeresiniz. Bu gece açılış gecesi ve sahne kenarında gösterinizin anons edilmesini bekliyorsunuz. Gösteriniz başlamadan önceki bu son dakikalarda neler hissedersiniz?

2. Gösterinizin numaralarından birinde seyircilerden biri

sahneye gelerek size yardımcı olacak. Size yardımcı olması için kimi çağırırdınız? (Tanıdığınız birinin ismini veriniz.)

3. Yıllar boyunca aldığınız eğitim ve edindiğiniz tecrübeye karşın numaranız gerçekleşmiyor. Size yardım etmesi için sahneye çağırdığınız kişiye ne dersiniz?

4. Gösteriden sonra soyunma odanıza geldiniz. Artık gösteri bitti, kendinizi nasıl hissediyorsunuz?

ABRAKADABRA İÇİN ANAHTAR

Sihirbazlık mesleğinde yapılanlara boşuna "numara" denmez. Sihirbazlar orada olmayan şeyleri size varmış gibi gösterir ya da gözünüzün önündeki gerçeği görmenizi engellerler. Numaralar kandırmaca ve dalavere üzerine kuruludur. Kendinizi sihirbaz olarak tanımladığınızda özellikle size en yakın olan insanlara yalan söylediğiniz, onları kandırdığınız zaman kendinizi nasıl gördüğünüzü tanımlarsınız.

1. Sahneye çıkmak için sıranızı beklerken hissettikleriniz yasak bir ilişkiyi planlarken (ya da sadece hayal ederken) neler hissedeceğinizi anlatır. Çoğunluk "Umarım yüzüme gözüme bulaştırmam," ya da "Öf cidden çok gerginim," şeklinde cevaplar verir. Ama bir de sahne korkusu olmayanlar vardır: "Oraya çıkacağım ve unutamayacakları bir gece yaşatacağım!"

2. Sahnede size yardım etmesi için çağırdığınız kişi sizin basit, saf ve biraz da enayi olarak gördüğünüz birisidir. Kısaca kolayca kandırılabilecek ya da yalan söylenecek birisi. Eğer şu andaki eşinizin adını verdiyseniz gerçek hayatta asla böyle bir şey yapmayacağınıza onu inandırmak için tam zamanıdır.

3. Numaranızı beceremeyince söyledikleriniz eşinizi aldatırken yakalanırsanız söyleyeceklerinize eştir.

"Özür dilerim" demeden önce bozulup, kızardınız mı?

Yoksa gülerek örtbas etmeye çalışıp gösteriye devam mı ettiniz: "Tüh yahu! Bu da hiç kimsenin mükemmel olmadığını gösterir."

Yoksa bu da gösterinin bir parçasıymış gibi davranan gruptan mısınız? Eğer başarabilirseniz iyi bir hiledir.

4. Sahneden indikten sonra hissettikleriniz dürüst olmayan bir şey yaptıktan ya da söyledikten sonra hissettiklerinizle eştir.

"Tüm sinirlerim gerildi. Ne rezalet ama!" Bu size insanlara yalan söylememeyi öğretir.

"Buraya kadar. Ben bu işi bırakıyorum." Dürüst ve çalışkan insanlar için pek çok meslek vardır. Zaten bu dumanlar ve aynalar işi size göre değildi.

"Bir dahaki sefere becereceğim." Bazıları hiç öğrenmez. Politika, hukuk ya da kullanılmış araba satıcılığı mesleklerini deneyin.

"Aslında bütün olanlar çok heyecanlıydı." Tilki bir kere tavuk yerse tadını asla unutamazmış.

DERGİ SAYFALARINDA

Haftalık popüler bir dergi alarak eve geldiniz. Derginin içindekileri hangi sıraya göre okursunuz?

1. Birinci sayfadan sonuncu sayfaya kadar düzenli bir şekilde okursunuz.

2. Hemen sizi ilgilendireceğini bildiğiniz konulara geçer ve sadece onları okursunuz.

3. Sayfaları rastgele çevirir ve ilginizi çeken şeyleri okursunuz.

4. Derginin formatı değişmediği için konuları her zaman bu dergiyi okurken okuduğunuz sırada okursunuz.

DERGİ SAYFALARINDA İÇİN ANAHTAR

Ortalama bir haftalık dergide pek çok yazarın, tasarımcının, fotoğrafçının ve editörün görüşlerini ve bakış açılarını yansıtan geniş bir yelpazenin ortak çalışması yer alır. Dergi, insan deneyimlerinin toplandığı bir antoloji gibidir ve sizin o dergiyi okuma tarzınız seçimlerin çeşitliliği karşısında nasıl davrandığınızı gösterir. Özellikle okuma zamanınızı nasıl değerlendirdiğiniz kaynaklarınızı, paranızı nasıl kullandığınızı betimler.

1. Birinci sayfadan sonuncu sayfaya kadar düzenli bir şekilde okursunuz:

Parasının her kuruşunun nerede olduğunu ve nereye harcandığını bilen birisiniz. Bütçeniz ya da ekonomik planlamanızla sürekli meşgul olduğunuzdan değil, sadece her şeyin nerede durduğunu bildiğiniz zaman kendinizi daha rahat hissediyorsunuz. Bir şey kaybetmekten nefret ettiğiniz için tüm hesaplarınızı düzenli tutuyor, borcunuzu ve alacağınızı biliyor, faizi hesaplıyorsunuz.

2. Hemen sizi ilgilendireceğini bildiğiniz konulara geçer ve sadece onları okursunuz:

Para cebinizde durunca sanki size batıyor. Eğer paranız varsa canınız ne isterse aklınıza ne gelirse onun için harcıyorsunuz.

Son kuruşunuzu harcarken de gelecek ay belki de bir hesap açarak para biriktirmeye başlamayı düşünüyorsunuz. Eğer biraz para biriktirebildiyseniz de bunu en yakın bankamatikten çekmeniz beklenmedik bir şey değil, böylece yapacak bir şeyiniz oluyor.

3. Sayfaları rastgele çevirir ve ilginizi çeken şeyleri okursunuz:

Siz kendinizi tutumlu olarak tanımlıyorsunuz. Bazıları buna cimri der. Aslında siz paranızı boş şeylere harcamıyorsunuz ya da kaynaklarınızı ziyan etmiyorsunuz, kara günler için saklamayı yeğliyorsunuz. Aniden bir şey almak ya da kredi kartlarınızı borca sokmak gibi huylarınız yok ama kesenin ağzını biraz açmayı denemeniz iyi olabilir. Para iyi yaşamak için bir araçtır sadece.

4. Derginin formatı değişmediği için konuları her zaman bu dergiyi okurken okuduğunuz sırada okursunuz:

Hayatınızdaki olası değişikliklere karşın siz harcama alışkanlıklarınızı asla değiştirmiyorsunuz. Eğer büyük ikramiyeyi kazansanız indirim dükkânlarından alışveriş alışkanlığından vazgeçmeniz zor olacağı gibi tam tersine eğer parasızlık çekiyorsanız da hâlâ marka giysiler almakta direniyor olabilirsiniz. Siz para kaprisleri ile uğraşacak yapıda biri değilsiniz en iyisi bu işleri bilen birisiyle birlikte olun ve bırakın bu işlerle o ilgilensin.

MAVİ GÖĞÜN ALTINDA

Tek bir bulutun bile olmadığı masmavi bir gökyüzü düşünün. Sadece düşünmek bile kendinizi daha iyi hissetmenize yol açar. Şimdi gözlerinizi manzaraya çevirin. Aşağıdakilerden hangisi size en çok huzuru veriyor ve sakinleştiriyor?

1. Beyaz, karlı bir ova.
2. Mavi bir deniz manzarası.
3. Yeşil bir dağ.
4. Sarı çiçeklerle dolu bir tarla.

MAVİ GÖĞÜN ALTINDA İÇİN ANAHTAR

Mavi rengin ruhu sakinleştirici bir etkisi vardır. Sadece hayal ettiğimizde bile mavi bir görüntü nabzımızı yavaşlatır ve derin bir nefes almamızı sağlar. Diğer renklerin de belirli özellikleri vardır. Mavi gökyüzüne karşı hayal ettiğiniz manzara sizin mutlu bilinçaltınıza gizlenmiş olan bir yeteneği betimler.

1. Beyaz karlı bir ova:
Özel bir duyguyla ödüllendirilmiş birisiniz, bir bakışta olayları kavramak ve onay ya da açıklama gerektirmeden en karmaşık sorunları bile çözmek yeteneğine sahipsiniz. Siz o net görüşlü, karar alıcı insanlardansınız. Daima iç güdülerinize güvenin; onlar size en iyi yolu gösterecektir.

2. Mavi bir deniz manzarası:
İnsanlarla ilişki kurmada doğal bir yeteneğe sahipsiniz. İletişim kurmadaki yeteneğiniz ve farklı grupları bir araya getirme tarzınız saygı görüyor. Sadece orada olarak insanların daha uyumlu ve verimli çalışmalarını sağlıyorsunuz ki bu da sizi herhangi bir projenin ya da grup çalışmasının vazgeçilmez üyesi yapıyor. "Çok iyi. Harika çalışıyorsunuz," dediğiniz zaman bunu içten söylediğinizi biliyorlar ve bu da sözlerinizi çok değerli kılıyor.

3. Yeşil bir dağ:

Sizin ödülünüz kendini ifade edebilme yeteneğidir. Duygularınızı ifade etmek için gerekli olan kelimeleri daima bulabiliyorsunuz ve çevrenizdekiler bunların kendi duyguları da olduğunu kısa sürede fark ediyorlar. Derler ki paylaşılan neşe çoğalır, paylaşılan keder azalır. Başkalarına bu denklemin doğru tarafını bulmaları için daima yardımcı oluyorsunuz.

4. Sarı çiçeklerle dolu bir tarla:

Bilgi ve yaratıcılıkla dolu bir depo gibisiniz, sonsuz sayıda fikriniz ve neredeyse sınırsız bir yaratma gücünüz var. Başkalarının duygularına açık olun ve düşlerinizi gerçekleştirmek için çalışmaktan asla vazgeçmeyin, yapamayacağınız hiçbir şey yoktur.

DERİNLİKLERDE

Her macerada mutlaka bir miktar tehlike vardır. Maceraları, heyecanlı ve çekici kılan tehlikedir. İnsanlar aynı heyecanı fiziksel tehlike riski olmadan yaşamak için yüklü paralar ödemeye hazırdır. Hortlaklı ev gezileri ve paraşütsüz dalış okullarının iş yapıyor olmasının nedeni insan doğasındaki bu özelliktir. Riskle yüzleşme arzusu hepimizin içinde vardır. Hatta tehlike ile yüzleşmenin dayanılmaz cazibesi bazı insanlarda öyle büyük bir tutku haline gelir ki yeni bir dünya arayışı ya da bir gizemi çözmek uğruna hayatları ile kumar oynayan insanlar vardır. Hepimiz korku filmindeki kahraman karanlık kapının eşiğinden geçecekken "Dur girme oraya! Sen deli misin?" diye bağırmak istemişizdir. O kişi siz olsanız ne yapardınız?

Şimdiki senaryomuz bizi basit korkularla gerçek korkunun arasındaki ince çizginin bulanıklaştığı karanlık bir dünyaya götürecek.

1. Yıllardır kimsenin ayak basmadığı eski bir binadasınız ve yerin altına doğru inen bir merdiven keşfettiniz. Aşağıya doğru inmeye başladınız. Bir... iki... üç... Kaç basamak indiniz?

2. Derken karanlığın içinden birinin sesini duydunuz. Bu kişi yavaşça ağlıyor mu? İnliyor mu? Yoksa sizinle konuşuyor mu?

3. Bu kişinin sesini duyunca nasıl tepki veriyorsunuz? Sesin kaynağını bulmaya mı çalışıyorsunuz? İlk düşünceniz arkanıza bile bakmadan yukarıya koşup kaçmak mı? Yoksa korkudan olduğunuz yerde donup kaldınız mı?

4. Aşağıdaki kişi şimdi size adınızla sesleniyor ve yukarıdaki kapıdan gelen ışıkta birisinin aşağıya doğru indiğini görüyorsunuz. Aşağıya gelen kimdir? Tanıdığınız birini seçiniz.

DERİNLİKLERDE İÇİN ANAHTAR

Terk edilmiş binalar ve yeraltı odaları gömülmüş anıları ve eski psikolojik yaraları sembolize ederler. Hemen hepimizin hatırlamak bile istemediği bir anısı ya da unuttuğumuzu sandığımız bir kalp kırıklığımız vardır. Ama hafıza kolaylıkla silinmez ve unuttuğumuzu umut ettiklerimiz uzun zaman sürüklenip durur. Bu olaydaki tepkileriniz eskinin acı dolu anıları ile nasıl başa çıktığınızın göstergesidir.

1. Merdivenin altına kadarki basamak sayısı yaşadığınız psikolojik yaraların üzerinizde bıraktığı etkinin derecesini gösterir:

Az sayıda basamak belirtenler geçmişten çok az etkilenirler. Ama toprağın derinliklerine doğru inen uzun bir basamak belirtenler içlerinde derin yaralar taşırlar.

2. Karanlıkta duyduğunuz sesler geçmişteki acı anılarınızı nasıl yaşadığınızı anlatır:

Ağlama sesi duyduğunu söyleyenler dertli zamanlarında başkaları tarafından avutulmuş ve aldıkları yardımla bu süreyi atlatmış kişilerdir. Bu zaman zarfında size yardım eden iyi insanlar bugünkü sizi yaratan kişilerdir.

İnleme duyduğunu söyleyenler zor zamanlarını yalnız geçirmiş kişilerdir. Karanlıkta duyduğunuz inleme kendi gömülmüş acınızdır. Belki de artık kapıyı açıp güneşi içeri salma zamanı gelmiştir. Gün ışığında hiçbir şey bu kadar kasvetli değildir.

Kendisiyle konuşan bir ses duyduğunu söyleyenler eski acılarını bir madalya gibi göğüslerinde taşırlar ve onların yara olduğunu düşünmeyi reddederler. Nietzche "Bizi öldürmeyen bizi güçlü kılar," demiş ve siz bu felsefeyi iliklerinize kadar benimsemişsiniz. Ama sakın bunun başkalarına karşı duygularınızı katılaştırmasına izin vermeyin.

3. Karanlıktaki seslere verdiğiniz tepki geçmişinizdeki acılarla nasıl başa çıktığınızı gösterir:

Eğer sesin kaynağını bulmaya gittiyseniz büyük olasılıkla kendi hayatınızda da inisiyatifi ele alan bir davranış şekli benimsediniz. Sorunlarınızla yüz yüze gelmek demek önünde sonunda bir çözüm bulmak demektir.

Arkasına bakmadan yukarı koşup kaçanların sorunları görmezden geldiklerinde sanki yok olacaklarına inandıkları bir geçmişleri vardır. Bu yaklaşım bazen işe yarayabilir ama dertler sandığınızdan daha uzun süre yok olmamakta direnirse de sakın şaşırmayın. Kimi zaman durup korkularınızla yüzleşmelisiniz.

Eğer korkudan donakalıp olduğunuz yere çakıldığınızı söylediyseniz geçmişinizde çözemediğiniz bazı olaylar sizi huzursuz etmekte ve hayatınızı yaşamanızı engellemektedir.

4. Merdivenin başında beliren kişi zor zamanlarda sırtınızı dayayabileceğinizi düşündüğünüz kişidir. Verdiğiniz isim sizi rahatlatacak ve içinizdeki buruklukları iyileştirmenize yardımcı olacaktır.

ÇANTADA

Hepimiz bir şeyler kaybederiz. Bazen kaybolduklarının bile farkına varmayız. En son bir şey kaybettiğinizde neler olduğunu hatırlayın: Bunalmışlık duygusu içinde attığınız adımları geriye doğru takip ettiniz, eşyaların altına baktınız, yeri incelediniz ve çöpü karıştırdınız. Kaybetmediğinizi görmek için beşinci kere umutsuzlukla ceplerinizi karıştırdığınızı hatırlayın. Kaybolan eşyaların umudunuzu kestikten aylar sonra ortaya çıkma huyları vardır.

Başkaları tarafından kaybedilmiş şeyleri bulmak da tesadüflere bağlıdır. Yolda düşürülmüş cüzdanları ya da trende unutulmuş çantaları onları özellikle aradığınız için bulmazsınız. Büyük bir olasılıkla bambaşka bir şey yaparken onlara rastlarsınız.

Yolda yürürken kapalı, siyah bir evrak çantası gördünüz. Etrafta kimsecikler yok ve sahibinin adını görmek için çantayı açtığınızda içinden bir tomar para döküldü. Bu olaya nasıl tepki verirsiniz?

1. "Aaa bu benim şanslı günüm!"
2. "Eyvah, şimdi ne yapacağım?"
3. "Bunu düşünmek için zamana ihtiyacım var."
4. "Tanrı bunu bana hediye olarak yolladı."

ÇANTADA İÇİN ANAHTAR

Para dolu çantayı bulduğunuzda verdiğiniz tepki bir gün aniden çok çekici biri tarafından teklif alırsanız vereceğiniz tepkiye eştir.

1. "Aaa bu benim şanslı günüm!":
Ayağınıza gelen şansa çocuklar gibi sevinme kapasiteniz var. Eğer insanlar sevinçlerini sizin gibi ifade edebilseydi dünya daha güzel bir yer olurdu.

2. "Eyvah, şimdi ne yapacağım?":
Böyle zamanlarda ne yapılacağını bilememek normaldir. Ama sonuçta karar size ait. İstediğiniz kadar düşünün ama ellerinizi sıkıntıyla ovuşturmak için fazla zaman harcamayın yoksa birisi burnunuzun dibindeki şansınızı alıp götürebilir.

3. "Bunu düşünmek için zamana ihtiyacım var":
Büyük kararlar iyi bir uykudan sonra alınmalıdır. Atlamadan önce bakıyor olma politikanız hakkında söylenecek çok şey var ama arada bir yolun her iki yanına da bakmadan karşıdan karşıya geçmek iyi gelmez mi? Kimi zaman içgüdülerinizi dinlemelisiniz, bunun anlamı büyük riskler almak olsa bile. Aşk ve tehlike el ele yürürler.

4. "Tanrı bunu bana hediye olarak yolladı.":

Ya ilahî güçlere fazla inanmıyorsunuz ya da birisiyle çıkmanın dini bir deneyim olduğunu düşünüyorsunuz.

KÜLKEDİSİ MASALI

Yoksulluktan zenginliğe doğru düşleri gerçekleşen bir kızın masalı. Külkedisi dünya literatürüne ait klasik masallardan biridir. Masaldaki unutulmayacak sahneler arasında sizi en fazla etkileyen hangisidir?

1. Üvey annesinin elinden eziyet çeken Külkedisi'nin hali.

2. İyilik perisi tarafından güzel bir prensese çevrilen Külkedisi.

3. Sarayın merdivenlerinde saat gece yarısını vurduğunda camdan ayakkabısını düşüren Külkedisi.

4. Prensin Külkedisi'ni bulduğu ve camdan ayakkabıyı ayağına giydirdiği sahne.

KÜLKEDİSİ MASALI İÇİN ANAHTAR

Seçtiğiniz sahne sizden neden en fazla tepkiyi almıştı? Tüm olaylara daha yakından bakıldığında seçtiğiniz sahne sizin kişiliğinizdeki en zayıf noktayı ya da en büyük kusuru gösterecektir.

1. Üvey annesinin elinden eziyet çeken Külkedisi'nin hali:

Külkedisi yerleri ovarken üvey annesi ve üvey kardeşleri tarafından sürekli taciz edilmesi güçlü acıma duyguları uyandırır. Ancak acımanın altında büyüklük ve gurur duyguları vardır. Bu sahneyi kendinizi birisinden üstün görmenizi sağladığı için hatırlıyorsunuz. Başkalarına şefkatli, acıyan gözlerle ve yukarılardan bir yerden bakmak iyi bir özelliktir ama onlara daima tepeden bakmayı alışkanlık haline getirmeyin.

2. İyilik perisi tarafından güzel bir prensese çevrilen Külkedisi:

Sihirli değneğinin bir hareketi ile iyilik perisi Külkedisi'ni büyülü bir prensese çevirir ve dünyasını tamamen değiştirir. Ama burada, gerçek dünyada işler hiç de o kadar kolay değildir. Sizin en büyük hatanız gerçek hayattaki sorunları görmezden gelmeniz ve plansızlığınız. Burada, yarattığınız sorunlardan sizi kurtarmak için sihirli değneğini sallayacak bir iyilik perisi olmadığını unutmuşa benziyorsunuz.

3. Sarayın merdivenlerinde saat gece yarısını vurduğunda camdan ayakkabısını düşüren Külkedisi:

Bu sahne sizin üzerinizde büyük bir etki yarattı çünkü sizin başkalarına muhtaç yanınıza hitap etti. Kendinizi saat on ikiyi vurduğu zaman koşarak kaçarken ve arkanızda sadece sorunlar ve cevaplanmamış sorular bırakırken görebilirsiniz. Kısa vadede arkanızda bıraktıklarınızı daima başkalarının temizlemesini beklemek kolay görünebilir ama günün birinde gerçeklerle yüzleşmeniz gerekecektir.

4. Prensin Külkedisi'ni bulduğu ve camdan ayakkabıyı ayağına giydirdiği sahne:

Hemen herkes mutlu sonlara bayılır ve siz de bu konuda çoğunluğa dahilsiniz. İşte sizin sorununuz da burada. Basit, normal ve sıradan olan şeylerle çok kolay mutlu olabiliyorsunuz. Hayattan tek beklediğiniz sıradan bir iş, sıradan bir maaş, sıradan arkadaşlar, sıradan bir aile, sıradan çocuklar... Sizi özgün yapan özelliklerinizi keşfetmek için biraz daha fazla gayret gösterin. Öyle hissetmiyor bile olsanız, unutmayın ki siz özelsiniz.

MUTLU SON (PEK DEĞİL)

Masallar mutlu sonla biter. Öyle olması gerekir. Ama ya beklediğiniz mutlu son gerçekleşmezse? O zaman ne yaparsınız?

Külkedisi olduğunuzu hayal edin. Yakışıklı prensiniz camdan ayakkabıyı çirkin üvey kız kardeşinizin ayağına denerken yanlarında duruyorsunuz. Ve ayakkabı hiç zorlanmadan ayağına olurken yüzünde beliren heyecanlı sırıtışı görüyorsunuz. Ayağına tam oldu! Bu kötü sürprize nasıl tepki verirsiniz? Neler hissettiğinizi ve ne yapacağınızı detaylı olarak anlatınız.

MUTLU SON (PEK DEĞİL) İÇİN ANAHTAR

Masalda, camdan ayakkabı Külkedisi'nin sadece kendisinin olduğuna inandığı tek objedir. Kendinizi onun yerine koyduğunuzda aynı duyguları edinmiş olursunuz. Kötü sürprize verdiğiniz tepki gerçek hayatta eşinizi çalmaya kalkan bir rakibe vereceğiniz tepkiyle eştir. Hepimiz eşlerimizin sadece kendimize ait olduğunu düşünürüz ama bu duyguyu ifade etmenin çeşitli yolları vardır. Size ait olanı geri almak için neler yaptınız?

"Prensi ayakkabıyı benim de denemem için ikna ederdim."

Eşinizin, hayatındaki tek insanın siz olduğunu anlamadan önce biraz sağda solda oyalanmasına aldırmıyorsunuz. Bu takdir edilecek bir kendine güven gösterisi ama ya prensiniz daha ayakkabıyı denememiş bir krallık dolusu kadın olduğuna karar verirse ne olacak?

"Kötü talihi kabullenir ve hayatıma kaldığım yerden devam ederim."

Sabırlı olmak bilgelik belirtisidir ama zaman zaman insan kendisine ait olanı elinde tutmak için savaşmalıdır.

"Ayakkabıyı yakaladığım gibi çirkin üvey kardeşimin kafasını yarardım."

Üzüntünüzü böyle belli etmeniz size iyi gelebilir ama prensin müstakbel eşini bir çingene kavgası ortasında görmekten hoşlanacağı meçhuldür.

YABANİ

Hayvanat bahçesinde gördüğünüz bir kaplan ya da leoparın evcilleşmiş, vahşi tabiatından bir şeyler kaybetmiş olduğunu düşünmeden edemezsiniz. Filler ya da ayılar gibi dev yaratıklar bile kafese kapatıldıklarında sanki eksilirler. Belki de bu yüzden, safari parkları bu kadar popüler olmuşlardır. Vahşi hayvanları kendi ortamlarında yaşarken görmenin etkisi ve sizinle aç bir aslan arasında sadece incecik bir araba camının olduğunu bilmenin heyecanı çok daha fazladır.

Bir safari parkındasınız, yolu takip ederek otlakta ilerliyorsunuz. Yolun biraz uzağında bir dişi ve erkek aslanın yemek yediğini, büyük parçalar halinde çiğ etleri kopardıklarını görüyorsunuz. Bu vahşi görüntü karşısında neler düşünüyorsunuz?

YABANİ İÇİN ANAHTAR

Safari turu güvenli ve korunaklı bir mesafeden tehlikeli ve vahşi hayatı izlemenize olanak sağlar. Aslanların beslenmesi doğanın güçlerinin serbestçe akmasını sembolize eder. Senaryoya verdiğiniz tepki hayatınızda ilk defa bir porno film gördüğünüzde verdiğiniz tepkiye eştir.

"Off! Şunlara bak! Ben de acıkıyorum sanki." Fazla bir yoruma gerek yok, değil mi?

"Çok iğrenç bunu seyretmek istemiyorum." Kimse güzel olacağını söylemedi.

"Korkuyorum." Biraz korkmak doğaldır ama camın bu tarafında kaldığınız sürece güvendesiniz.

"Zavallı şeylere biraz mahremiyet tanıyın." Siz gerçekten düzgün bir insansınız ama biraz daha seyretmek istemediğinizden emin misiniz?

BAŞUCUNDAKİ TELEFON

Uyuduğumuz zaman bu dünyadan bir yıldız kadar uzak bir başka dünyaya gideriz. O uzak yerde tanıdık sesler ve gürültüler bile yabancı ve garip gelir. Uyanık saatlerimizi geçirdiğimiz bu dünyadan tamamen uzakta, zihnimizin özgürce dolandığı bir dünyadayızdır.

Yatakta yatmış, bilinçle uyku arasındaki o sisli bölgeye girmişken başucunuzdaki telefon çalıyor. Telefona uzanmak için insanüstü bir gayret sarf ediyorsunuz, sanki suyun altındasınız. Ahize ile ağzınız buluşsun diye uğraşıyorsunuz ve sonunda mırıldanıyorsunuz: "Alo". Telefonun diğer ucundaki kim ve size neler söylüyor?

BAŞUCUNDAKİ TELEFON İÇİN ANAHTAR

Uykudan aniden uyanmak insanı sersemleştirir ve kimi zaman da ürkütücü olabilir. Korktuğunuz ya da kafanızın karıştığı zaman başkalarından yardım istemek çok doğaldır. Kafanızın karışıklığının sebebi çalan telefon olsa bile konuştuğunuz kişi büyük bir olasılıkla zor zamanlarda yanınızda olacağına güvendiğiniz biridir.

Kimin adını verdiniz ve size ne tür rahatlatıcı şeyler söyledi?

Tanıdık bir ses, "Alo? Ben annenim, neden beni aramıyorsun?" mu dedi? Annelerin bu türden bir şey yapabileceklerinden emin olabilirsiniz.

Yoksa özel bir neden olmaksızın, sadece laflamak için arayan bir arkadaş mı? Kimi zaman korktuğunuzda en güven verici şey de budur.

BALİNA İZLEMEK

Küçük bir balina izleme gemisinin güvertesindesiniz. Dört bir yanınız mavi okyanusla çevrili. Derinliklerin gizemli yaratıklarını izlemek için küpeşteden eğildiğinizde tuzlu sular yüzünüzü ıslattı. Ve işte ordalar: Bir balina ailesi yakın bir yerde su yüzüne çıktı!

Aşağıdakilerden hangisi bu aileyi en iyi tanımlar?

1. Devasa annesinin peşi sıra yüzen küçük bir bebek balina.
2. Annesinin karnına sokulan bir bebek balina.
3. Bebekleri ile yüzen anne ve baba balinalar.
4. Su püskürterek kendi başına yüzen bir bebek balina.

BALİNA İZLEMEK İÇİN ANAHTAR

Balina, Jung'un "Büyük Anne" sembolüdür. Bu senaryoda balinaların arasındaki ilişki tanımınız sizin kendi annenizle olan ilişkinizin duygusal tanımıdır.

1. Devasa annesinin peşi sıra yüzen küçük bir bebek balina:
Sizin hayatınızda annenizin rolü inanılmaz derecede önemlidir. Yetişkin olmanıza karşın davranışlarınız ve düşünceleriniz annenizden etkilenmektedir. Birazcık ana kuzusu olmaktan kurtulmanız ve yeni bir bağımsızlık seviyesi için çalışmanız yerinde olur. Anneniz sizi sonsuza kadar çocuk kalın diye büyütmedi.

2. Annesinin karnına sokulan bir bebek balina :
Fiziksel şefkat görmeye çok gereksinim duyuyorsunuz. İnsan sıcaklığını istemek doğal bir gereksinimdir ama siz buna diğerlerinden daha fazla muhtaçsınız. Bu cevabı veren erkekler eşlerine kendilerini evlat edinmişler gibi davranmamaya özellikle dikkat göstermelilerdir. Annesinin küçük kuzusu rolünü oynamak olgun bir ilişkide beklenmeyen bir davranıştır.

3. Bebekleri ile yüzen anne ve baba balinalar:

Anne ve babanızın rollerini eşit olarak takdir ediyorsunuz (baba bu tür hayali resimlerde genellikle unutulan bir figürdür). Çocukken ev hayatınız büyük bir olasılıkla mutlu ve güvenliydi ve bunun neticesinde hayata bakışınız dengeli oldu.

4. Su püskürterek kendi başına yüzen bir bebek balina:
Kişisel özgürlüğünüzü elde etmişsiniz ve bir birey olarak gelişmişsiniz ama kimi zaman kendiniz olmaktaki ısrarınız sizin hırslı, inatçı ya da bencil olarak algılanmanıza neden oluyor. Bu kadar bireysel olmamaya özen gösterin, yoksa çevrenizdeki insanlara yabancılaşacaksınız.

KENDİ GÖSTERİNİZ

İnsan, hayvanlar âleminde gösteri yapabilen tek canlı değildir. Hemen hepimiz sirkteki atları, yuvarlanan ayıları ve üç tekerli bisiklet üzerinde şempanze numaralarını izlemişizdir. Sonra sular dünyasının yıldızları gelir; yunuslar, katil balinalar ve aman unutmayalım, foklar!

Bir deniz gösterileri merkezinde bir foksunuz ve büyük bir kalabalığın önünde gösteri yapıyorsunuz. Seyircilerin karşısına çıkıp gösteri yaparken ve eğiticinizden bir kova balık beklerken aklınızdan neler geçer?

KENDİ GÖSTERİNİZ İÇİN ANAHTAR

Eğitilmiş gösteri hayvanları zorla çalıştırılırlar, işi bırakma seçenekleri yoktur. Kafanızdan geçtiğini söylediğiniz düşünceler kendi işinizle ilgili duygularınızı betimler. Kendi kendinize söylediğiniz şeyler işyerinizdeyken kendinize söylediğiniz şeylerdir. Ne söylediniz?

"Bu salakların bunu seyretmek için para ödediklerine inanabiliyor musun?" Dışardan seyreden birisi için çabalarınızın ne kadar eğlendirici olduğunu bilmek de sizi şaşırtırdı.

"Hişşt ahbap! Bir dahaki sefere somon vermeye ne dersin? Eğer bir sardalye daha yersem sanırım kusacağım." Bu cümleyi yeniden kurun ve gelecek sefer maaş konusu konuşulurken bunu patronunuza söyleyin. Gıcırdayan tekerleği yağlarlar.

"Bu çok utanç verici. Herkes beni seyrederken bunları yaptığıma inanamıyorum" Ne işle meşguldünüz? Belki muhasebecilik size daha uygun bir meslektir.

TOHUM EKMEK

İnsan doğası mücadeleyi sever. Bu başarma isteği belki de türümüzün hayatta kalmasının sırrıdır. Tüm bilim dalları ağır çalışma ve boşa çıkan deneyler sonucunda doğmuştur ve her insan karakteri, bireyin ham kişisel deneyimlerinden benzeri olmayan bir şey yaratmanın doğal itkisiyle oluşmuştur. Meydan okunma gereksinimimiz kimi zaman öyle baskındır ki işleri zorlaştırırız ve böylece kendi yarattığımız zorlukların üstesinden kendimiz geliriz.

Tanınmış bir bilim adamısınız ve yeni bir tür bitkinin geliştirilmesi üzerinde çalışıyorsunuz. Laboratuvarda yıllardır deney yapıyorsunuz ve çalışmalarınız nihayet sonuç vermeye başladı. Yarattığınız eserin dayanıklılığını denemek için 100 tohumu yaşanılmayacak bir çöle diktiniz.

Diktiğiniz 100 tohumdan kaç tanesi yaşadı? (0 ile 100 arası bir sayı veriniz.)

TOHUM EKMEK İÇİN ANAHTAR

Verdiğiniz sayı kendinize güveninizin seviyesini gösterir. Bu hikâyede bilim adamı güven duygusu ve hatta gururu temsil eder. Diğer yandan düşman çöl kumları zor bir testi ya da meydan okumayı, yani şüpheci duyguları ve belirsizliği gösterir. Daha yüksek sayılar söyleyenler, bilim adamına kendilerini daha yakın hissedenler ve daha çok kendilerine güvenenlerdir. Daha düşük sayılarla cevap verenler, meydan okumanın çok zor olduğunu düşünenler ve kendilerine daha az güvenenlerdir.

99-100 arası:

Size kendine güveniyorsunuz demek az gelir: Daha uygun bir sözcük "kibirli" olacaktır. Elbette kendinize inanmak çok önemlidir ama siz dünyanın geri kalanını hiçe sayıyorsunuz. Unutmayın ki güçlü olmanın en büyük işaretlerinden birisi zayıflıklarımızı kabul etmektir.

81-98 arası:

Kendiniz ve yapabileceklerinize güveniyorsunuz ama bu küstahlık olarak görünmüyor. Bu çevrenizdekilere güven veriyor ve bu da sizi nereye giderseniz gidin doğal bir lider konumuna getiriyor.

61-80 arası:

Sizin için en iyi tanım “temkinli bir iyimser” olabilir. Daima iyiyi umut ediyor ama en kötü için hazırlıklı bekliyorsunuz. Bu gerçekçi felsefe başkaları uçup gittiğinde sizin ayaklarınızın hâlâ yere sağlam basıyor olmasını sağlıyor.

41-60 arası:

Kendinize güveniniz ortalama düzeyde; ne fazla kendini beğenmiş ne de kayıp. Belki de hâlâ ne konuda iyi olduğunuzu keşfetmeye çalışıyorsunuz ya da önünüzde yükselen zorluklara sağlıklı bir saygı duyuyorsunuz. Kendinize inanın, diğerleri örnek alacaktır.

21-40 arası:

Kendinizden tamamen şüphe etmiyorsunuz ama önünüzdeki engelleri abartma eğilimindesiniz. Bu eğilimin sorumluluğunu zorluklara yükleyebilirsiniz ama tavrınız çevrenizdekilerin size bakışını etkiliyor. Başkalarının güvenini kazanmak için yapacağınız tek şey o güveni önce kendinize duymanızdır.

1-20 arası:

Alçakgönüllü olmak başka bir şey ama sizin kendi değerinizi anlamak üzere biraz daha çalışmanız gerekiyor. Büyük şeyler başarabileceğinize inanmanın kötü bir yanı yoktur ve biraz sıkı çalışmayla yapabilirsiniz de. Sizi geride tutan tek şey sizsiniz.

0 tohum:

Kendine güvenin zerresinin olmaması gibi görünen şey aslında mükemmeliyetçi bir gururdur. Siz yanlış olduğunuzun ispatlanmasına, hatta tek bir yanlış yapmaya bile dayanamazsınız, bu nedenle her şeyin sizin için zor olduğu numarasına yatarsınız. Eğer bu korkularla yüzleşmeyi öğrenemezseniz dünyayı sizin işe yaramaz biri olduğunuza inandırabilirsiniz ama siz aslında denemeye bile kalkmadığınızı bilirsiniz.

ÇALINMIŞ ÇİLEKLER

Herkes iyi insanları sever ve çoğumuz hayatlarımızı iyi birer insan olarak yaşamaya çalışırız. O zaman neden dünya yüzünde her zaman iyi olan insan sayısı bu kadar azdır? Ne kadar gayret ederseniz edin, öyle günler ve öyle zayıflık anları vardır ki kötü olmak insana iyi olmaktan daha kolay gelir. İster otoyolda hızlı araba sürmek olsun, ister sınavda kopya çekmek ya da ofisten bir kutu kalem "araklamak"... Hepimizin gurur duyamayacağımız hareketlerimiz vardır. Gerçekten iyi bir insan olmanın yolu kişiliğimizdeki kötü yanları kabullenmek ve omzumuzdaki şeytan kulağımıza fısıldarken azize gibi davranmamak ve mükemmel olmadığımızı bilmektir. Hepimiz zaman zaman baştan çıkarız. Ama şimdiki senaryoda yakalanabilirsiniz.

1. Şehir dışında bir yürüyüşte nefis çileklerle dolu bir tarlaya geldiniz. Mideniz guruldamaya başladı ve etrafta kimsecikler yok. Siz ve bedava öğle yemeği arasında sadece bir çit var. Çitin yüksekliği ne kadar?

2. Bahçeye girdiniz ve çilekleri yemeye başladınız. Kaç tane çilek yediniz?

3. Birden çileklerini çalmakta olduğunuz çiftçi ortaya çıktı

ve size bağırmaya başladı. Kendinizi savunmak için neler dediniz?

4. Tüm olan biteni bir kenara bırakıp söyleyin, çileklerin tadı nasıldı? Ve çilek çalma maceranız sona erdikten sonra kendinizi nasıl hissettiniz?

ÇALINMIŞ ÇİLEKLER İÇİN ANAHTAR

Çilekler (baştan çıkarıcı kırmızılıkta ve sulu) cinsel arzu ve çekiciliğin sembolüdür. Bu senaryo için verdiğiniz cevaplar sizin yasak ilişkiye vereceğiniz tepkileri gösterecektir.

1. Çilek bahçesinin etrafındaki çitin yüksekliği sizin kendinizi kontrol yeteneğinizin ve cinsel dürtülerinize göstereceğiniz direncin derecesini gösterir. Çit ne kadar yüksekse sizin de savunmanız o kadar güçlüdür. Tamamen kapalı bir çit düşünenlerin takdire şayan bir sınırları vardır. Çileklerin sadece çıtalar arası diz yüksekliğinde iple çevrili olduğunu söyleyenleriniz aşk alevleri arasında cayır cayır yanma riski taşırlar.

2. Çaldığınız çilek sayısı âşık olduğunuza (ya da arzuladığınıza) inandığınız kişi sayısını gösterir. Eğer bir tane yedikten sonra durduğunuzu söylediyseniz aşk hayatında sadık birisiniz. İki haneli sayılarla cevap verenleriniz ciddi olarak libidolarını frenlemeyi düşünmelidirler. Kimse o tempoda uzun süre yaşayamaz.

3. Çiftçiye söylediğiniz sözler yasak bir ilişki sırasında yakalanırsanız söyleyeceklerinize eştir. Sizin özürünüz neydi?

"Özür dilerim. Söz veriyorum bir daha yapmayacağım." Kimi zaman itiraf etmek ve iyi davranmaya söz vermek paçanızı kurtarmak için en iyi yoldur.

"Çok güzellerdi. Elimden bir şey gelmedi." Aslında elinizden bir şeyler geldi; başkasının çileklerini yediniz! Ama dürüstlük en iyi davranış şeklidir. George Washington için işe yaramıştı, kim bilir belki siz de bir gün başkan olursunuz.

"Çilekler harikaydı! Birkaç tane daha yiyebilir miyim?" Çiftçilerin av tüfekleri vardır. Eşlerin boşanma avukatları. Neyse ki sözlerinizi değiştirmek için hâlâ şansınız var.

4. Maceranızı ve çileklerin tadını açıklayıcı sözleriniz geçmiş ilişkiniz hakkında düşündüklerinize eştir.

"Aslında göründükleri kadar lezzetli değillerdi. Bütün bunlara değmezmiş." Çoğu yasak ilişki için doğru sözler. Bu da bir tecrübe oldu diye düşünün ve geçmişte bırakın.

"Çok tatlıydı! Sulu ve lezzetli! Daha önce hiç böyle bir şey tatmamıştım!" Sizin aşka âşık olduğunuzu söyleyip konuyu kapatalım.

"Çilekler fazla güzel değildi ama tüm olay eğlenceliydi." İstatistiksel bir bakış açısıyla siz suç tekrarlamada yüksek risk grubuna dahilsiniz.

YAĞMURA YAKALANMAK

Hayatta her şeyi öngörmek mümkün değildir. Daima kendimizi ruhen hazırlama şansı bulamadığımız sürprizler, acil durumlar ve beklenmedik felaketlerle karşılaşırız. Her tür sürpriz stres yaratabilir (beklenmedik bir evlenme teklifi de, ani bir ayrılık da). Kontrol edemediğimiz ya da öngöremediğimiz çok fazla şey vardır. Birtakım huylar geliştirmemizin ve hayatımızı bazı kalıplara göre düzenlememizin nedenlerinden biri de budur.

Fırtına çıktı. Aniden bastıran sağanakta yürüyorsunuz. Son sürat koşsanız bile gideceğiniz yere beş dakika uzaklıktasınız. Aşağıdakilerden hangisi yapacaklarınızı en güzel tanımlayandır?

1. "Büyük bir ağaç bulup yağmur dinene kadar altında beklerim."

2. "Yağmurun ne kadar süreceğini bilemiyorum, bu yüzden gideceğim yere kadar koşarım."

3. "Şemsiyesini paylaşabileceğim biri ya da şemsiye alabileceğim bir dükkân olup olmadığına bakarım."

4. "Çantamda daima katlanabilir bir şemsiye taşırım, onu kullanırım."

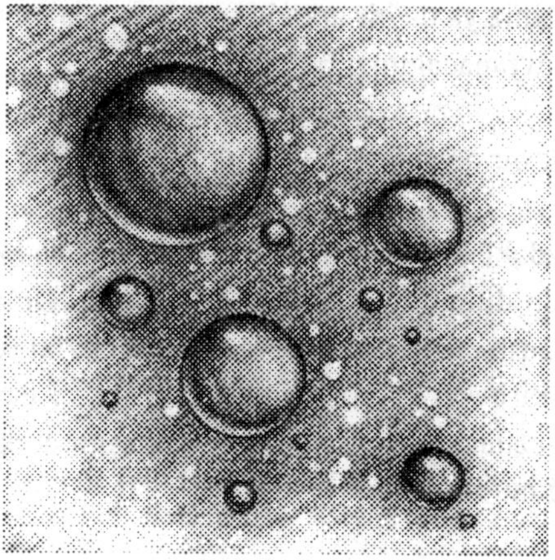

YAĞMURA YAKALANMAK İÇİN ANAHTAR

Ani sağanağa nasıl tepki gösterdiniz? Fırtına hayattaki beklenmedik ve kontrol edilemeyen güçleri temsil eder. Cevabınız sizinle sevdiğiniz ya da bir arkadaşınız arasında bir kavga çıktığında nasıl davranacağınızı betimler.

1. "Büyük bir ağaç bulup yağmur dinene kadar altında beklerim.":

Siz aranızdaki sorunları halletmeye geçmeden önce karşı tarafın öfkesinin dinmesini bekleyenlerdensiniz. Onların istedikleri kadar bağırıp çağırarak içlerini boşaltmalarını seyredersiniz ve sonra kendi bakış açınızı soğukkanlılıkla ve tarafsız olarak sunarsınız. Bazıları buna akıllıca bir yaklaşım derken diğerleri sinsice olduğunu söyler.

2. "Yağmurun ne kadar süreceğini bilemiyorum bu yüzden gideceğim yere kadar koşarım":

İçinizdekilerin hepsini döktüğünüz müddetçe kavganın sonunun ne olacağı umurunuzda değil. Sizce siz haklısınız ve tartışacak bir şey yok. Sizin taktikleriniz arasında alma-verme yok. Eğer karşınızdaki öfkelenirse siz daha çok öfkeleniyorsunuz. Eğer karşınızdaki bağırırsa siz haykırıyorsunuz. Bu sizi tartışmak için pek eğlenceli biri yapmasa da en azından nerede durduğunuzu anlamak çok kolay.

3. "Şemsiyesini paylaşabileceğim ya da bir şemsiye alabileceğim bir dükkân olup olmadığına bakarım.":

Karşıtlıklar ve tartışmalar size göre değil bu nedenle kavga çıktığında bile siz daima karşı tarafı sakinleştirmeye çalışıyorsunuz. Ama ne yazık ki bu davranış bazen işleri daha da kötüleştirir. Zaman zaman durup fırtınayı göğüslemelisiniz.

4. "Çantamda daima katlanabilir bir şemsiye taşırım, onu kullanırım."

Her suçlamaya verecek bir cevabınız, her yanlışınıza bir özrünüz olduğunu düşünüyorsunuz. Size göre bir tartışma, atışma yeteneğinizi bilediğiniz bir gösteri, ama bu tavrınız başkalarına kaypak, sahte ve bunaltıcı geliyor. Ama büyük olasılıkla bunun için de bir açıklamanız vardır.

RÜZGÂRDA UÇUŞMAK

Okulun tatil olduğu, sorumluluklarınızın olmadığı ve güneşin doğuşundan batışına kadar zamandan başka bir şeyinizin olmadığı o uzun yaz günlerini hâlâ hatırlayabiliyor musunuz? Oynamak ve macera için zaman, gezinmek ve hayal kurmak için zaman. Çocukça eğlencelere harcanan saatler... Uçurtma uçurmak… Bulutları seyretmek… Balonlar yapmak…

Yeniden bir çocuk olduğunuzu ve böyle bir yaz gününe döndüğünüzü ve çayırda köpükten baloncuklar yaptığınızı hayal edin. Aşağıdakilerden hangisi hayalinize en fazla uyan tanımdır?

1. Üflediğiniz balonlar gökyüzüne doğru yükseliyor.
2. Plastik bir halkadan yüzlerce baloncuk üflüyorsunuz.
3. Kocaman tek bir balon üflemeye odaklandınız.
4. Üflediğiniz balonları rüzgâr arkanıza taşıyor.

RÜZGÂRDA UÇUŞMAK İÇİN ANAHTAR

Üflediğiniz parıltılı balonlar umutlarınızın ve düşlerinizin sembolüdür. Tanımını yaptığınız görüntü umutlarınızın ve düşlerinizin nasıl gerçekleşeceğini düşündüğünüzü gösterir.

1. Üflediğiniz balonlar gökyüzüne doğru yükseliyor:
Düşlerinizi ulaşılamaz ve elde edilemez; sizden rüzgârda kaçan köpük balonları olarak görüyorsunuz. Belki de çok fazla şeyi çok çabuk istiyorsunuz ya da mümkün olmayan bir fanteziye takıldınız. Durum her neyse rüyalarınız ile gerçek arasındaki uçurum çok büyük. Başkalarına geleceğe dair planlarınızı sevdiğinizi söylesiniz bile içinizde bir yerlerde bir ses size bu rüyaların ne kadar kırılgan ve uçucu olduğunu söylüyor.

2. Plastik bir halkadan yüzlerce küçük balon üflüyorsunuz:
Siz gönlünüzü kolayca elde edilebileceklere vermişsiniz: Yeni giysiler, bir araba, erkek ya da kız arkadaş. Sizin düşleriniz akıllıca ve erişebileceğiniz bir yerde. Hayatta en çok neyi istediğinize karar verin ve onun için çalışın. Eğer her şeyin peşinden aynı anda giderseniz ellerinizin boş kalması ihtimali yüksektir.

3. Kocaman tek bir balon üflemeye odaklandınız:

Sizin tüm hayatınızı yönlendiren tek bir önemli düşünüz ya da amacınız var. Bu isteğe sıkıca sarılın ve amacınıza ulaşmak için çalışın.

4. Üflediğiniz balonları rüzgâr arkanıza taşıyor.

Geçmişteki gerçekleşmemiş düşlerinizin hayal kırıklığı sizi hâlâ etkiliyor. Ancak düşlerin ardından gitmek ve bazılarını yolda kaybetmek geleceğe yönelik yeni düşler kurmak için sadece bir eğitimdir. Düş kurmaktan korkmayın, hiç kaybetmeyenler sadece hiç denemeyenlerdir.

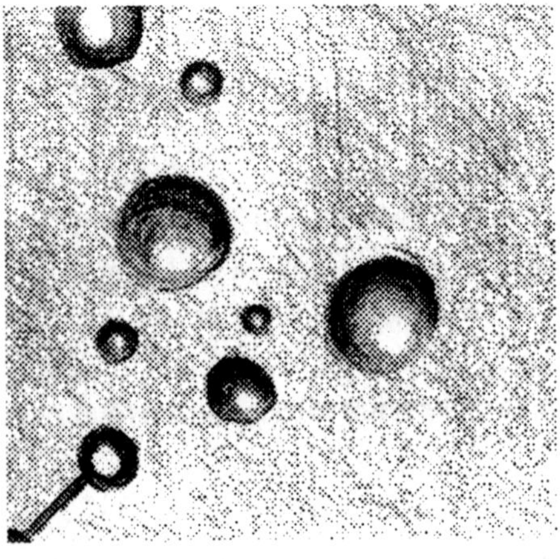

BASİT GEREKSİNİMLER

İnsanın evden çıkarken cebinde ya da çantasında mutlaka taşıdığı bazı ortak şeyler vardır: Cüzdan, anahtarlar, kimlik ve kredi kartları gibi. Çantalarımızın içi kafalarımızın içi gibidir; taşıdığımız pek çok şey ortaktır ama her çantayı diğerlerinden ayıran en az bir tane özel eşya vardır.

Dışarı çıkmaya hazırlanıyorsunuz ve eşyalarınızı topluyorsunuz. Gereksinimler dışında aşağıdakilerden hangisini yanınıza almak istersiniz?

1. Kişisel ajandanız ya da adres defteriniz.
2. Saç spreyi ya da jölesi.
3. Uğurlu maskotunuz.
4. Şeker ya da sakız.

BASİT GEREKSİNİMLER İÇİN ANAHTAR

Daima elinizin altında olmasını istediğiniz şey nedir? Yanınızda taşımak istediğiniz şey o olmadan kendinizi huzursuz hissettiğiniz ve bize kişiliğinizin huzursuz yanını anlatan bir eşyadır.

1. Kişisel ajandanız ya da adres defteriniz:
Hafızanıza güvenmiyorsunuz. Telefon numaraları, doğum günleri, randevular; aklınızdan kevgirden süzülen su gibi süzülüp gidiyor. Unutmayı istemiyorsunuz ama hiçbiri aklınızda kalmıyor ve siz de evlilik yıldönümünüzü unuttuğunuz için özür dilemek zorunda kalıyorsunuz; her sefer. O defteri sürekli yanınızda taşısanız çok iyi edersiniz. Bir de defteri nereye koymuş olduğunuzu hatırlayabilseniz!

2. Saç spreyi ya da jölesi:
Sizin için dış görünüş çok önemli. Detaya gösterdiğiniz özen sizin her zaman şık ve bakımlı olduğunuzu söylüyor ama bazen sanki biraz abartıyorsunuz. Unutmayın ki saçınız güzel görünmüyorsa bu işyerinizi arayıp hasta olduğunuzu söylemenizi gerektirmez.

3. Uğurlu maskotunuz:

Kötü talihinizin en sadık müridisiniz. Diğer kuyruklar daima daha hızlı ilerliyor, sizin ekmeğiniz daima yağlı tarafının üzerine düşüyor. Hemen hiçbir şey sizin istediğiniz gibi gitmiyor ve siz farkındasınız. Nasıl farkında olmayasınız ki? Batıl itikâtlarınız olduğundan değil ama eğer uğurlu maskotunuz yanınızda olursa kendinizi biraz daha rahat hissediyorsunuz.

4. Şeker ya da sakız:

Beslenmeniz konusunda endişeleriniz var. Yeni bir diyete başladığınız gün bir kutu bisküvi yemek, her önünden geçişte "sadece kontrol etmek için" buzdolabını açmak- iştahınız aklınızı karnınızı doldurduğundan daha fazla dolduruyor. Yanınızda nane şekeri ya da bir çikolata taşımak kendinizi güvende hissetmenizi sağlıyor. Gün içinde ne olursa olsun en azından açlıktan ölmeyeceğinizi garantiliyorsunuz.

BALIK BAŞTAN KOKAR

Dışarı çıkıp kafa dinlemek isteyenler için balık tutmak büyük bir keyiftir. Her hafta sonu, hava nasıl olursa olsun, kıdemli balıkçılar en sevdikleri avlanma yerine doğru yola çıkarlar, onları meraklı çaylaklar izler. Balıkçılık kadar meraklısı olan bir başka boş zaman faaliyeti yoktur. Balık tutmanın bu cazibesi neden kaynaklanır?

Balık tutmaya gittiniz ve oltanıza bir balık vurdu. Balığı sudan çekerken aniden fırladı ve size çarptı. Balık nerenize çarptı?

BALIK BAŞTAN KOKAR İÇİN ANAHTAR

Oltanıza takılan balık can havliyle size doğru atladığında bedeninizde çarptığını düşündüğünüz bölge özellikle korumak istediğiniz bölgedir. İnsan psikolojisinde, saklı tutmayı istediğimiz şeylerin bulunacağı ve korumak istediğimiz şeylerin saldırıya uğrayacağı korkusu vardır. Bu nedenle belirttiğiniz nokta kendinizi güvensiz hissettiğiniz ya da hassas olduğunuz yerdir.

Yüzünüz müydü? Aynada kendinize iyice bakın. Belki de daha fazla gülümsemeye ihtiyacınız var.

Karnınız? Belki de bilinçaltınız size artık pasta ve böreği kesmenin zamanının geldiğini söylemek istiyordur.

Bacaklarınızın arasında bir yer mi? Eh, orası hepimiz için hassas bölge!

AĞIMA HOŞ GELDİNİZ

İnsan bilinçaltında örümcekler, boylarıyla kıyas kabul etmeyecek bir ölçüde korku ve saygı uyandırırlar. Belki avlanma konusundaki yetenekleri, sabırla beklemeleri ya da avlarını yakalamak için ördükleri karmaşık ağlardır bu duyguları uyandıran. Sebep her ne olursa olsun örümcekler hepimizde güçlü duygular uyandırırlar.

Bir örümcek olduğunuzu hayal edin, ördüğünüz büyük bir ağın ortasında oturuyorsunuz.

Bu test için kalem ve kâğıda gereksiniminiz olacak.

1. Ağınızın resmini çizin ve yakaladığınız böceklerin cinslerini yazın.

2. Avlarınızdan birini yemek için ona yaklaşırken her nasılsa ağdan kurtulup kaçıyor. Sizden uzaklaşırken bu şanslı böcek size bir şey söylüyor. Neler söylüyor?

AĞIMA HOŞ GELDİNİZ İÇİN ANAHTAR

Örümcekler doğanın büyük avcılarındandır. Kendinizi örümcek olarak hayal edişiniz bize aşk ormanlarındaki avlanma tecrübeniz hakkında neler hissettiğiniz konusunda bazı şeyler söyleyecek.

1. Ağa yakalanmış böceklerin cinsleri ve sayıları sizin aşk zaferlerinizi gösterir. Ağ, diğerlerini cezbetmek için kullandığınız stratejinizi ve tekniğinizi gösterirken ağa yakalanmış olanları çiziş şekliniz eski sevgilileriniz için neler düşündüğünüzü anlatır.

Sıradan basit bir kara sinek miydi? Dişinizin kovuğuna bile gitmeyen güzel bir kelebek mi? Belki de şişman ve sulu bir tırtıl? Ya da belki sivrisinekler, karafatmalar ya da solucanlardan oluşan iştah kaçıran bir kalabalık? Bazı örümcekler her şeyi yerler.

2. Ağınızdan kaçan böceğin söyledikleri sizin reddedildiğiniz bir ilişkinizin anılarını yansıtır. Doğruya doğru, hepimizin en az bir defa başımızdan geçmiştir. Bu oyun kaleye en yakın sözcükleri ortaya çıkarma oyunu.

"Beni asla yakalayamazsın, çirkin yaşlı örümcek!" Ahh! "Bir dahaki sefere!" Eh, cesaretlendirme için teşekkürler.

"Yaşasın! Özgürüm, özgürüm!" Tamam özgürsün. Ama bunun için fazla bağırmaya gerek yok değil mi?

KARARI SİZ VERİN

Tokmağın inişi, kurnaz avukatların yorulmak bilmeyen çeneleri, karar okunurken çöken sesizlik... Bir mahkeme salonundan daha fazla dramatik olmayı başaran çok az film sahnesi vardır. Zekâların çarpıştığı gerilim dolu savaş alanında kimi zaman doğru ile yanlış arasındaki çizgi bulanıklaşır ve bu karışıklıkta kanun ve adalet kaybolur.

Mahkeme salonunda geçen bir filmde aktörsünüz, aşağıdakilerden hangisini oynardınız?

1. Avukat.
2. Dedektif.
3. Suçlu.
4. Şahit.

KARARI SİZ VERİN İÇİN ANAHTAR

Psikolojik açıdan aktör sizin sosyal kişiliğinizle ilintilidir, yani dış dünyayı karşıladığınız yüzünüz. Kendinizi bir aktör olarak hayal etmek size istediğiniz rolü oynama özgürlüğü sunar. Mahkeme salonu dekoru ise sahneye gergin ve heyecanlı duygular katar. Oynadığınızı söylediğiniz rol bir kriz durumunda ne tepki verdiğinizi anlatır.

1. Avukat:
Ateş altında daima soğukkanlısınız ve sizi terlerken görmek çok zor. Fakat çok gergin durumlarda ortaya çıkan bir başka yüzünüz daha var: Kısıtlamaları unutacak kadar ateşli ve gerekirse patlamaya hazır bir savaşçı. Bu soğukkanlılık ve ateşlilik sizi en umutsuz durumlarda bile düzlüğe çıkarıyor.

2. Dedektif:
Karmaşa ve karışıklık sizi etkilemiyor ve başkaları kendilerini kaybettiklerinde bile siz sakin kafayla düşünebiliyorsunuz. Çevrenizdekiler sizdeki bu serinkanlılığa saygı duyuyorlar ve zorda kaldıkları zaman sizden yardım istiyorlar. Bunun anlamı başınızdan hiç dert eksik olmaması ama siz stresten fazla rahatsız olmuyorsunuz, hatta sizi daha da sakinleştiriyor.

3. Suçlu:

İlk bakışta güçlü ve umursamaz görünüyorsunuz ama aslında savaşları sonuna kadar götürmek için gerekli olan şey sizde yok. İşler zora binince, kaygılanmakla vakit kaybediyor, sorunları çözmek yerine kendinizi yargılamaya başlıyorsunuz. Sizin için yapılacak en iyi şey olayları daha pratik yoldan çözümleyebilen birisiyle ortaklık kurmaktır.

4. Şahit:

Her durumda uyumlu ve yardımsever olarak görünseniz de başkalarını memnun etmek için gösterdiğiniz fazla çaba sizi de bir dert kaynağı haline getiriyor. Herkesle her zaman geçinmek uğruna tutarsız ve hatta güvenilmeyecek birisi haline geliyorsunuz. Yaptıklarınızın başkalarını mutlu ya da mutsuz edip etmediğinden sürekli endişe duymayı bırakmalısınız. Kendinizi ispatlamanız gereken tek kişi kendinizsiniz.

KARANLIKTA FISILTILAR

Bir yarasa düşündüğünüz zaman aklınıza gelen ilk şey büyük olasılıkla karanlık mağaralar, karanlık bir gökyüzü ve kan emici canavarlardır. Ama bir sürü korkunun ve batıl inancın malzemesi olmalarına karşın yarasaların bir başka gizli yanları vardır.

Kanatları olmasına karşın onlar da bizim gibi memelidir ve yavrularını şefkatle emzirirler. Vahşi görüntülerine karşın yarasa toplumu bizimkinden çok daha barışçıldır. Bu yüzden bir dahaki sefere uçan bir yarasa gördüğünüzde onun da size, sizin hissettiğiniz gibi büyülenmişlik ve korkuyla bakıyor olabileceğini düşünün.

Derin bir mağarada kayboldunuz ve uzayıp giden, bir labirenti hatırlatan koridorlarda dolanıyorsunuz. Yukarıya çıkan yolu bulmaya çalışırken bir yarasa uçarak gelip kulağınıza bir şey fısıldıyor.

Bu gizemli yaratık size aşağıdakilerden hangisini söyledi?

1. "Çıkışın nerede olduğunu biliyorum."
2. "Sana yolu göstereyim."
3. "Aramaya devam et."
4. "Buradan asla çıkamayacaksın."

KARANLIKTA FISILTILAR İÇİN ANAHTAR

Bu senaryoda sihirli yarasa rehber sembolüdür ve kaybolmuş, boş yere çabalayanlara yol göstermektedir. Yarasanın size ne söyleyeceğini hayal ederek zor zamanlarında başkalarına nasıl yardımcı olduğunuz konusunda bize ipucu verirsiniz.

1. "Çıkışın nerede olduğunu biliyorum.":

Burnunu her şeye sokan, her şeyi bilen birisi gibi olmak eğilimindesiniz. Başkalarına hemen el vermekte ya da tavsiyede bulunmakta duraksamıyorsunuz ama bazen de hiç gerek yokken yardım etmeye çalışıyorsunuz ve müdahale ediyor gibi görünüyorsunuz.

2. "Sana yolu göstereyim.":

Kocaman kalbiniz ve asla bencil olmayışınız başkalarına örnek oluyor. İnsanlar sizdeki gücü ve şefkati hissediyor ve bir sorunları olduğunda size gelebileceklerini bilmek onları rahatlatıyor.

3. "Aramaya devam et.":

Başkalarına karşı, onların özeline olan saygınızdan dolayı uzak duruyorsunuz. Yardımcı olmak istemediğinizden değil, ama size tavsiye sorulduğunda kısaca cevaplayarak onları sorunlarını kendi başlarına çözmeleri için cesaretlendiriyorsunuz. Bu yaklaşımınız uzun vadede diğerlerine olgunlaşabilmeleri ve bağımsızlık kazanabilmeleri yolunda yapılacak en büyük yardımdır.

4. "Buradan asla çıkamayacaksın.":

Yere düşmüş birini gördüğünüzde içinizden gelen ilk şey tekmelemek. Başkalarının kötü durumlarından az da olsa keyif almak doğal olabilir ama bu bir özür değildir. Bu tavrınız size ne arkadaş kazandırır ne de var olan arkadaşlarınızın uzaklaşmasını engeller. Dikkatli olun!

BÜYÜK PATLAMA

Patlayan bir volkan, doğanın öfkesinin izlenebileceği en inanılmaz gösterilerden birisidir. Volkan sıcak lav ve zehirli gazlar kusarak çevresindeki toprakları gri küle dönüştürür. Yoluna çıkan her şeyi yok eder. Eski uygarlıkların, volkanların tanrıların gazabı olduğuna dair inancını anlamak hiç de zor değildir. Bugün bile volkanlar bize koca evrendeki yerimizin ne olduğunu belli etmek için pek de zarif olmayan mesajlar yollarlar.

Patlayan bir volkanı seyredebileceğiniz bir yerde duruyorsunuz. Aşağıdakilerden hangisi bu manzarayı seyrederken düşündüklerinizi en güzel açıklıyor?

1. "Belki de bu, dünyayı mahvettiğimiz için bir uyarıdır."
2. "Sanırım içerdeki basınç çok fazlalaşmıştı."
3. "Üff ne görüntü ama! Çok etkileyici!"
4. "Patlamak bu şeylerin doğasında var. Nedir yani?"

BÜYÜK PATLAMA İÇİN ANAHTAR

Volkan hakkındaki düşünceleriniz patlama, özellikle bir üstünüzün öfkesine göstereceğiniz tepkiyi betimler. Hepimiz er ya da geç ara sıra patlayan bir patron, öğretmen, antrenör ya da ebeveyn ile karşı karşıya geliriz; "büyük patlama" senaryosu bu durumlarla nasıl başa çıktığınızı gösterir.

1. "Belki de bu doğanın dünyayı mahvetmemize karşı bir uyarısıdır.":
Başkalarının öfkesine sebep olduğunuzda bunun farkında oluyorsunuz ve suçu kabullenmeye hazırsınız. Bu duyarlılık ve olgun davranış, neden olduğunuz sorunları halletmenize de yardımcı oluyor.

2. "Sanırım içerdeki basınç çok fazlalaşmıştı.":
Herhangi bir sorunun suçunu hemen bir başkasının omuzlarına yüklüyorsunuz. Eğer yanlış bir şey yaptığınızın farkında olsanız bunu zaten yapmazdınız değil mi?

3. "Üff ne görüntü ama! Çok etkileyici!":
Eleştiriye ve bu tür dışavurumlara olumlu bakabiliyorsunuz ama bunun anlamı onlara aldırmadığınız değil. Bu olumlu gö-

rüntü üstleriniz tarafından uzun vadede (ne için bağırdıklarını unuttuktan sonra) takdir topluyor.

4. "Patlamak bu şeylerin doğasında var. Nedir yani?":

Ağır sözler, nutuklar ve acımasız eleştiriler sizi etkilemiyor, büyük olasılıkla onları dinlemediğiniz için. Bu elbette ortalık karışıkken stresinizi en alt seviyede tutmanın en iyi yoludur ama bu yüzden hatalarınızdan asla ders alamıyorsunuz. Belki de bütün bu seslere ve öfkeye kulak vermenin zamanı gelmiştir; size farklı bir bakış açısı kazandırabilir.

KENDİ İŞİNİZİN BAŞINDA

Yaz festivalinde tenteler ve tezgâhlardan bağrışarak mallarını satmaya çalışan satıcılar... Masalar dolusu tahta oyuncaklar, el işleri, yağlıboya tablolar, gümüş takılar ve diğer şeyler dolaşanların gözlerine takılıyor, bir süre bakmak için duruyorlar. Her şey elle yapıldığı için hiçbirinin eşi yok ve bu da akla bir tezgâhta hayatta bir kere rastlanacak bir hazine olma ihtimalini getiriyor. Her kaliteden eşya bulmak mümkün. Satıcılar renkli kişilikleri ve görüntüleri ile maceraya bir vitrin alışverişinde asla bulunamayan bir boyut katıyorlar. Sahne hazır, neden biraz durup neler var diye bakmıyoruz?

1. Kendi el işiniz olan takıları satmak için bir masa açtınız. Masaya kaç çeşit mal koyarsınız?

2. Birisi masanıza gelip mallarınıza bakıyor ama bir süre sonra hiçbir şey almadan uzaklaşıyor. Kendinizi nasıl hissedersiniz?

3. Bir başka müşteri geliyor ve tasarımlarınızdan birisiyle çok ilgileniyor. O parçanın koleksiyonunuzun en iyi parçası olduğuna inanıyorsunuz. Alması için nasıl bir pazarlama tekniği

uygularsınız?

4. Artık kapatma saati geldi. Satışlarınızı nasıl buldunuz?

KENDİ İŞİNİZİN BAŞINDA İÇİN ANAHTAR

Takı gibi moda aksesuvarları kişinin sosyal kimliğini betimler. Elinizle yaptığınız takılar bu kişisel betimlemeyi ve belirginliği daha da derinleştirir. Bu senaryoda verdiğiniz cevaplar başkaları tarafından nasıl görülmek istediğinizi anlatır.

1. Sattığınız takıların çeşitliliği farklı durumlarda taktığınız sosyal maskeleri betimler. Bu maskeler arkadaşlarınızın, patronunuzun ve eşinizin önünde taktıklarınızdır. Sayı ne kadar fazlaysa sosyal hayatınız da o kadar karmaşıktır.

2. Giden müşterinin arkasından hissettikleriniz bir kalp kırıklığı ya da reddedilme sonrası hissettiklerinize benzer. Yanlış bir şey yaptığınızı mı düşündünüz ("Acaba nesini beğenmediler?"), omuzunuzu silkip işinize devam mı ettiniz ("Hiç sorun değil ortalık insan kaynıyor") yoksa hemen eleştirmeye mi başladınız ("Takı masadan fırlayıp burunlarını ısırsa bile kaliteli işçilik olduğunu anlamaz bunlar")?

3. En kıymetli parçanız hakkında söyledikleriniz kendinizin güçlü olduğunuza inandığınız yanlarınız ve sizin onları başkalarına anlatma şeklinizi gösterir. Mütevazı bir tavırla geri çekilip

kararı onlara mı bıraktınız, hiç susmadan ne kadar güzel olduğunu kafalarına mı kaktınız, yoksa fiyatı indirmeyi mi teklif ettiniz? Kendinizi ucuza satmamaya dikkat edin.

4. Günlük satış bilançonuz sizin sosyal başarılarınızın bir değerlendirmesidir. Bütün takıları sattıklarını söyleyenlerin kendilerine güven konusunda hiç sorunları yoktur. Küstah davranarak insanları korkutmamaya çalışın. Kötü bir gün geçirdiğinizi söylediyseniz kendinize biraz daha güven duymaya gereksiniminiz var. Kendinize bu kadar acımasız davranmayın, müşteriler kuşkunun kokusunu bir kilometreden alırlar. Ortalama düzeyde satış yaptığınızı söylediyseniz, siz dünyadaki gerçek yerinizi değerinizden ödün vermeden bilebilen birisisiniz. Ve bu bir iş dalında uzun vadede başarıyı getiren bir özelliktir.

YUMURTADAN ÇIKMADAN

Çoğumuz için yumurta, tavuk yumurtası anlamına gelir ve bunun da tek bir anlamı vardır: Yemek. Menemen, haşlama ya da yağda; kek hamuruna karışmış ya da çiğ... Çeşitler sonsuzdur. Hemen her gün görmemize karşın yumurtada gizemli bir yan vardır. Bunun nedeni belki de hiç ek yeri ya da açıklığı olmadan içinde bu kadar çok şeyi barındırıyor olmasıdır. Ya da belki beyaz kabuğunun altında saklanan altın vaadidir. Her açıdan, yumurtada gözün gördüğünden fazlası vardır.

Önünüzdeki masada bir yumurta durduğunu hayal edin. Bu yumurta herhangi bir renk, biçim, büyüklük ya da cins olabilir. Kırıp açıyorsunuz. Bu ne tür bir yumurtadır?

1. Yılan yumurtası.
2. Kaplumbağa yumurtası.
3. Dinozor yumurtası.
4. Tavuk yumurtası.

YUMURTADAN ÇIKMADAN İÇİN ANAHTAR

Harika bir protein kaynağı olmaktan öte yumurta, aynı zamanda gelecek nesillerin ve kendi çocuklarınızın sembolüdür. Seçtiğiniz yumurta türü çocuklarınız için beslediğiniz umutları ve dilekleri anlatır.

1. Yılan yumurtası:

Yılan bilgeliğin ve gizli servetin sembolüdür ve bunlar sizin çocuklarınızın sahip olmasını en fazla istediğiniz şeylerdir. Dengeli bir bakış açısı edinin ve çocuklarınızın sizden en çok istediği şeyin sevgi olduğunu unutmayın.

2. Kaplumbağa yumurtası:

Kaplumbağa sağlığın ve uzun hayatın evrensel sembolüdür. Çocuklarınız için en fazla istediğiniz şeyler sağlık ve fiziksel iyiliktir.

3. Dinozor yumurtası:

Çocuklarınız için en fazla arzu ettiğiniz şey onların benzersiz bireyler olarak büyümeleridir. Onların okulda, işte ve genel olarak toplumda bir kalıptan çıkmış hale getirilmelerini istemiyorsunuz. Nasılsa yanlışlar yapacaklar ama siz onların orijinal yanlışlar olmasını diliyorsunuz. Bu isteğiniz takdir edilecek bir istek ama unutmayın ki bir çocuğun bağımsızlığı için atacağı ilk adımlar anne babalarına karşı çıkmak için atacaklarıdır.

4. Tavuk yumurtası:

Çocuklarınızla ilgili çılgınca düşleriniz ya da hırslarınız yok. Eğer mutlularsa daha önemli ne olabilir ki? Normal bir hayatın güvenliliği ve basit zevkleri yeterlidir. Tek bir tavsiye: Büyük düşler kurmanın zararı yoktur.

ÇAMAŞIR ASMAK

Şimdi biraz eski moda gözükebilir ama çamaşırları kurumaları için çamaşır ipiyle dışarıya astığımız zamanlar o kadar da eski değil. Artık kurutma makineleri var ama eskiden çamaşır yıkarken havayı gözlemek, yoksa günü nemli pantolonlarla geçirmek zorundaydık.

Her şeyin elde yıkandığı ve çamaşırların dışarı asıldığı devre geri döndünüz. Kirli sepetiniz dolu ve bugün çamaşır yıkamanız lazım. Ama gökyüzüne baktığınızda yağmur bulutlarının toplanmaya başladığını gördünüz. Aklınızdan neler geçiyor?

1. "Eyvah! Bu şaka olmalı! Yani şimdi yarına kadar bekleyecek miyim? Ne giyeceğim peki?"

2. "Biraz daha bekleyip havaya bakalım, belki düzelir."

3. "E güzel, demek ki bugün çamaşır yıkamayacağım."

4. "Yağmur yağsa da yağmasa da bu çamaşırları yıkayacağım!"

Ev işlerinin angarya yüküne bir de beklenmeyen kötü hava-

ÇAMAŞIR ASMAK İÇİN ANAHTAR

yı eklerseniz günlük hayatta sürekli karşılaştığımız küçük sorunlara harika bir örnek yaratmış olursunuz. Yağmurlu çamaşır gününe verdiğiniz cevap hayatınızdaki stres seviyenizi gösterir.

1. "Eyvah bu şaka olmalı! Yani şimdi yarına kadar bekleyecek miyim? Ne giyeceğim peki?"

Stres seviyesi: 80. Hayatınızda yanlış gidebilecek tüm küçük detayların sizi etkilemesine izin veriyorsunuz ve şimdi stres seviyeniz öyle bir noktaya ulaşmış ki en küçük şey bile gününüzü zehir etmeye yetiyor. Biraz durup gevşemenin zamanıdır, yoksa sağlığınız etkilenecek.

2. "Biraz daha bekleyip havaya bakalım belki düzelir."

Stres seviyesi: 50. Hayatınızdaki stres sizi fazla etkilemiyor ve işler planlandığı gibi gitmediğinde olaya iyi bir açıdan bakabiliyorsunuz. Sorunlar ortaya çıktığında onları çözmeye devam edin, durumunuz oldukça iyi. Unutmayın her stres kötü değildir. Hayatınızdaki stresin sizi motive etmesini sağlayın.

3. "E güzel demek ki bugün çamaşır yıkamayacağım."

Stres seviyesi: Neredeyse sıfır. Küçük sorunların sizi etkilemesine izin vermiyorsunuz. Bu hayatı kolaya alan felsefenizin haklı olduğu bir şey var: Hayıflanarak yağmurun yağmasını engelleyemezsiniz.

4. "Yağmur yağsa da yağmasa da bu çamaşırları yıkayacağım."

Stres seviyesi: Neredeyse 100. Hayatınızda o kadar çok stres var ki gerçeği inkar ediyor ve olanaksızı elde etmeye çabalıyorsunuz. Ve başaramadığınızda daha büyük sorunlarla ve daha çok stresle karşı karşıya kalıyorsunuz. Biraz rahatlamak için zaman ayırsanız ve düşünseniz o zaman boşa harcadığınız çabayı göreceksiniz. Azıcık yavaşlayın ve işleri biraz kolay yanından alın. Aynı çorabı bir gün daha giymek sizi öldürmez.

KAFESTEKİ MAYMUN

Gözlerin, ruhun aynası olduğunu söylerler. Bu, insanlar kadar olduğu gibi hayvanlar için de geçerlidir. Dost bir köpeğin gözlerine baktığınızda sanki sizinle oynamak için yalvarıyordur ama bir kedinin gözlerine baktığınızda size soğuk bir mesafeyle bakacaktır. Hayvanların da tıpkı insanlar gibi duyguları ve kişilikleri vardır ve dikkatle bakarsak dünyalarımızın ne kadar benzer olduğunu görürüz.

Bir hayvanat bahçesinde geziniyorsunuz ve kafesteki hayvanlara bakıyorsunuz. Kafesinde oturan yalnız bir maymunun önünde duruyorsunuz ve göz göze geliyorsunuz. Gözlerindeki ifade bir şey anlatmaya çalışıyor. Maymun size ne diyor?

KAFESTEKİ MAYMUN İÇİN ANAHTAR

Kafesteki hayvanlar zihnimizde özgürlüğümüzün kaybı ve doğal güdülerimize toplumun koyduğu sınırlamaları ifade eder. Birçok yönden insanlara benzedikleri için, maymunlara empati duymamız ve kendimizi onlarla özdeşleştirmemiz daha kolaydır. Maymunun gönderdiğini söylediğiniz mesaj özgürlüğünüzün kısıtlanması hakkındaki gerçek duygularınızı yansıtır. Bunlar söylemek istediğiniz, ama hayatınızı idare ettiğini düşündüğünüz sosyal sistem ya da grup hakkında söyleyemediğiniz sözlerdir. Şu cevaplardan tanıdık gelen var mı?

"Ah keşke bir muz olsaydı." Kolayca memnun edilebiliyorsunuz, bu nedenle kolayca da kontrol edilebiliyorsunuz. Biraz daha istekte bulunursanız başkaları için ne kadar değer taşıdığınızı görüp şaşırabilirsiniz. Hatta kimbilir belki bir yerine iki muz verirler.

"Hadi yaylan bakalım, burada görülecek bir şey yok." Toplum kurallarına uymanın sizde en fazla baskı yaratan yanı özel hayatın kısıtlanması. Zaman zaman yalnız kalıp kendi başınıza düşünmekten çekinmeyin. Siz tek bir maymunsunuz ve siz yokken hayvanat bahçesi işine devam edebilir.

"Bu kafeste delireceğim. Çıkarın beni buradan!" Lisanslı bir kokolojist olarak size güzel ve tenha bir adada tatil yazıyorum. Acilen gidin!

EN BÜYÜK GİZEM

Kimse bundan söz etmekten hoşlanmaz ama bir dakikanızı ayırın ve öldükten sonra ne olacağını düşünün. Ruh başka bir dünyaya mı gider, yoksa ölüm benliğin nihai yok oluşu mudur? Cennet ve cehenneme inanır mısınız, yoksa ruh dünyada yeniden bedene mi bürünür? İnsanlar bu sorulara binlerce yıldır cevaplar arıyorlar ama sonuçta hiçbir şeyi kesin olarak bilmiyoruz. Bu hayatta ölüm hâlâ en büyük gizem.

Bu senaryoda ruhunuzun ölümden sonra yaşadığını hayal edin. Size göre bedeninizden ayrıldıktan sonra nasıl bir biçim alır?

1. Ruh, bedenin yaşarkenki boyuna ve biçimine sahiptir.
2. Ruh insan şeklini korur ama boyu daha büyüktür.
3. Ruh insan biçiminde ama ufaktır, küçük bir peri gibi.
4. Ruh ateşten bir bulut gibidir, kalıcı bir biçimi yoktur.

EN BÜYÜK GİZEM İÇİN ANAHTAR

Ruhunuz için tanımladığınız biçim sizin kendi gözünüzdeki görüntünüzün doğrudan yansımasıdır. Ruhunuzun doğası için yaptığınız tanım sizin kendiniz hakkındaki duygularınızdır.

1. Ruh, bedenin yaşarken sahip olduğu boya ve biçime sahiptir:

Siz hayattaki en değerli şeylerden birine sahipsiniz: Kendine güven. Kendinizi kabul ediyorsunuz, hatalarınız ve her şeyinizle ve kendinizi olduğunuz gibi seviyorsunuz. Hayatınız boyunca bu tavrı devam ettirin ve kendiniz hakkında daha sevilecek neler varsa keşfetmeye devam edin.

2. Ruh insan şeklini korur ama daha büyüktür:

Bugünkü halinizden hoşnut değilsiniz. Başaracak ve deneyim kazanacak daha fazla şeyiniz olduğunu düşünüyorsunuz, bu da gerçek beni olduğundan çok daha büyük görmenize neden oluyor. Bu tatminsizlik eğer kontrol etmeyi öğrenebilirseniz size ilham kaynağı olabilir. Yoksa sizi eksiklik olarak huzursuz etmeye devam edecektir.

3. Ruh insan biçiminde ama ufaktır, küçük bir peri gibi:

Tüm iyi özelliklerinize karşın hâlâ içinizdeki sizi özel yapan şeyleri bulamamışsınız. Bu memnuniyetsizlikten ziyade kendinizden şüphelenmekten kaynaklanıyor. "Bende yanlış olan nedir?" diye kaygılanıyorsunuz ama cevabı bir türlü bulamıyorsunuz. Sizde yanlış olan insan olmanız, tıpkı bütün diğerleri gibi ve bunun anlamı mükemmel olmamaktır. Bunu kabullenin, insan olmanın iyi yanları da olduğunu göreceksiniz.

4. Ruh ateşten bir top ya da bulut gibidir, kalıcı bir biçimi yoktur:

Eksikliklerinizden üzüntü ya da güçlü olduğunuz yanlarınızdan gurur duymuyorsunuz ve kendinizi başkalarıyla kıyaslamak gibi bir şeyle uğraşamazsınız. Aslında siz "ben" ile ilgili konularla fazla meşgul değilsiniz. Bunun nedeni inanılmaz derecede sığ ya da inanılmaz derecede derin biri olmanızdandır. Ama bu bile sizin için önem taşımıyor.

GERÇEK BİR MACERA

Romanlarda okuduğunuz gibi ya da filmlerde seyrettiğiniz gibi gerçek bir macera yaşadınız mı hiç? Uçurumlardan sallanıp, kaderle yüzleşip ve tabii "reyting"i düşürmemek için biraz da romantizm katarak? İstemez misiniz?

1. Eski bir krallıkta bir savaşçısınız ve çalınan hazineyi geri getirmek için ülkenin en ünlü kahramanına eşlik etmek için seçildiniz. Sefere çıkmadan önce hazırlanırken kahraman size ne diyor?

2. Yola çıkmadan önce kral sizi huzuruna çağırıyor ve maceranızda kullanmak üzere bir kılıç veriyor. Bu ne tür bir kılıçtır? Detaylı olarak tanımlayın.

3. Yolculuğunuz sırasında yüksek dağlardan ve sık ormanlardan gittiniz ve pek çok engel aşıp zor durumlardan kurtuldunuz. Ve nihayet çalınan hazinenin durduğu mağaranın ağzına geldiniz. Oraya gelene kadar kaç düşmanla karşılaştınız?

4. Mağaraya giriyorsunuz ve aradığınız hazineyi buluyorsunuz. Tam o anda, bu macerada eşlik ettiğiniz kahramanın yü-

zünde nasıl bir ifade var? İfadeyi detaylı olarak anlatınız.

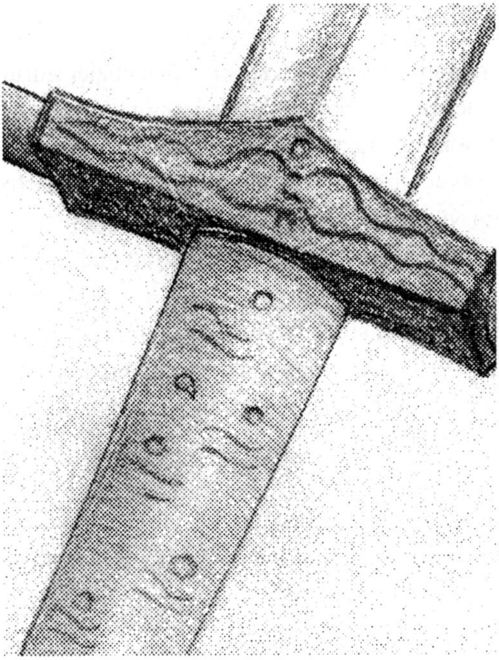

GERÇEK BİR MACERA İÇİN ANAHTAR

Önemli bir görev için savaşçı kişiliğine bürünmekle, bu kadar büyük bir sorumluluk verilmesinin gururunu da üstlenirsiniz. Bu teste vereceğiniz cevaplar gururunuzu nasıl yönettiğinizi gösterir.

1. Kahraman tarafından size söylenen sözler gururunuzu etkileyen sözlerdir. Bir bakıma kahramanın size söylediği sözler sizin zayıf noktanızdır ve sizi harekete geçirebilen sözlerdir.

"Sana güveniyorum," "Bana güven," ya da "Birlikte çalışacağız," gibi yüreklendirici sözler mi duyduğunuzu söylediniz? Bunların hepsi yardıma çağrılmak için duymak istediğiniz sözcüklerdir.

Yoksa kahraman size, "Sadece ayak altında dolaşma yeter," ya da "Vazgeçmeyi düşünüyorsan şimdi tam sırasıdır," gibi cesaret kırıcı sözler mi söyledi? Kalbinizde soğuk insanlar için zayıf bir nokta var.

2. Kralın size verdiği kılıç kendi gururunuzun sembolüdür. Kılıç pırıl pırıl, iyi işçilik ürünü müydü, yoksa paslı, eski, iş göreceği meçhul bir kılıç mıydı?

3. Karşılaştığınız düşman sayısı hayatınızda şimdiye kadar üstesinden geldiğinize inandığınız engeller ve zor durumları betimler. Sayı ne kadar fazlaysa yeteneklerinize duyduğunuz güven ve gurur da o kadar fazladır. Kaç tane söylediniz?

Birkaç yüz? Sıkıntısını çekmediğiniz tek şey kendinize inanmak. Elbette tüm o maceralardan sonra eminiz bunun için iyi nedenleriniz vardır.

Sadece bir iki tane? Kendinizi maceracı olarak görmüyorsunuz değil mi? Belki de kendinize olan güveninizi kazanmanız için daha fazla hayat deneyimine ihtiyacınız var.

Hiç düşmanla karşılaşmadınız mı? Kötüler ya geldiğinizi duyunca korkudan saklandılar ya da sizin gibi önemsiz biriyle uğraşmaya değmeyeceğini düşündüler.

4. Kahraman kayıp hazineyi bulunca ne yaptı? Bu macerada size öncülük yapan kahraman sizin karşı cinste en fazla hoşlandığınız özellikleri temsil eder (kahramanı hayal ettiğiniz cins ne olursa olsun). Kahramanın yüzünde hayal ettiğiniz ifade karşı cinsin yüzünde en çekici bulduğunuz ifadedir. Kocaman bir sırıtma mı? Gururlu bir başarı ifadesi mi yoksa rahatlama mı? Sevinç gözyaşları? İfade her ne idiyse bunu unutmayın. Bir gün birisi o ifadeyi kalbinizin kilidini açmak için kullanacak.

CANAVAR

Canavar! Hepimiz bu sözcüğü kullanırız ama hangimiz gerçekte bir tane görmüşüzdür? Yüz kişiye bir canavar çizmelerini söyleyin, yüzü de farklı şeyler çizecektir. Canavarlar çok çeşitlidir: Filmlerde gördüklerimiz, rüyalarımızda bizi kovalayanlar, masallardakiler, hortlak hikâyelerindekiler ve hatta video oyunlarındakiler. Canavarlar yüz metrelik kertenkeleler, insan formunda korkunç tipler olabilirler. Bu sözcük sizin gözünüzde nasıl canlanıyor?

Ülkede bir canavar ortalığı kasıp kavuruyor, korku saçıyor ve durdurulamıyor, üstelik sizin tarafa doğru geliyor. Canavar öfkeyle dolu ve onunla konuşmanın ya da ikna etmenin imkânı yok. Ama neden bu kadar öfkeli?

1. Karnı aç ve yemek bulmak için avlanıyor.
2. Kaybettiği sevgilisini arıyor.
3. Çok çirkin olduğu için çok mutsuz.
4. Tüm dünyaya öfkeli.

CANAVAR İÇİN ANAHTAR

Hayalinizdeki canavar Gölge diye bilinen ve herkesin kişiliğinin karanlık yanını temsil eden temel öğenin görüntüsüdür. Gölge her birimizde vardır ve canavarın öfkesi hayatımızdaki bir stres kaynağına yönelmiştir.

1. Karnı aç ve yemek bulmak için avlanıyor:
Öfkeli canavar kendi iştahınıza açtığınız savaşa tepki vermektedir. Son zamanlarda bir diyetle mi güreşiyorsunuz? Karnınız boşken kafanızı çalıştırmak zordur. Unutmayın her şey ölçülü olmakla başlar ama bu ölçülü olmanın kendisini de kapsar. Bazen bir şeyler atıştırmak açlığı artırıp sonunda İstanbul'u yemekten çok daha iyidir.

2. Kaybettiği sevgilisini arıyor:
Eğer canavarın umutsuzca sevgilisini aradığını düşündüyseniz belki de romantik cephede zorluklar yaşamakta olan kendinizsiniz. Kaygısız bir aşk hayatının aslında aşk hayatı olmadığını kendinize sürekli hatırlatın. Drakula'nın bile başarısız olduğu geceler vardı.

3. Çok çirkin olduğu için çok mutsuz:

Canavarın öfkesinin kendi çirkinliğinden kaynaklandığını düşünenler kendi görüntülerinden bir şekilde hoşnut olmayan kişilerdir. Eksikler zihnin gözlerinde katlanabilir ve bu olumsuz görüntü dünyanın bizi gördüğü şekli de etkiler. Sevilmek için ilk adım aynaya baktığınızda gördüğünüzü sevmeyi öğrenmekten geçer.

4. Tüm dünyaya öfkeli:

Bu cevabı seçenler karamsarlardır. Sizin için bardağın yarısı boş, üstelik su sıcak ve tadı da kötü. Düzeltilebilecek yanlışlar bulmak iyi bir şeydir ama sadece şikâyet ederek dünyayı değiştiremezsiniz. Bu enerjiyi olumlu kullanmak için bir yol bulabilecek miyiz ona bakalım.

LABİRENT

Bir kez daha eğlence parkına dönelim ve bilinçaltımızı keşfe devam edelim. Eğlence parkındaki aktivitelerin bazılarını hatırlıyorsunuz, roller coaster'ın baş döndürücü heyecanını ve iyi huylu atlı karıncayı. Korku tüneli hâlâ bekliyor ama onu çiftlerin keşfine bırakalım. Onun yerine labirentte bir yürüyüşe ne dersiniz?

Kocaman labirentte yolunuzu buldunuz ve çıkışta duruyorsunuz. Aşağıdakilerden hangisi duygularınızı yansıtıyor?

1. "Çok kolaydı. Hemen bitirdim. Acayip düşeşti!"

2. "Eh biraz zaman aldı tabii ama şimdi düşününce aslında çok da zor değildi."

3. "Amaan nasıl kaybolduum! Bir an yolumu hiç bulamayacakmışım gibi geldi."

4. "İçerde bir grubun peşine takıldım da bana yolu gösterdiler. Yoksa hâlâ oradaydım."

LABİRENT İÇİN ANAHTAR

Dolambaçlı ve birbirine eklenen labirent koridorları tüm yanlış dönüşler, aynı yerlerden geçişler ve çıkmaz yollarla sizin hayatta kendinize seçtiğiniz yolları temsil eder. Ergenlik, hayatta kaybolma ve karmaşa duygularının en sıklıkla yaşandığı dönemdir. Labirentte yaşadıklarınız yetişkin olma yolunda yaşadıklarınızı hatırlama şeklinizdir.

1. "Çok kolaydı. Hemen bitirdim. Acayip düşeşti!":
Pek çok kişinin hayatının ergenlik dönemini stres ve karmaşa dolu olarak hatırlamasına karşın sizin için sadece eğlenceli geçmiş. Siz ruhunuzu aramakla meşgul ya da arkadaş baskısıyla perişan olmamışsınız; tüm deneyim büyük ve eğlenceli bir parti olarak geçmiş. Elbette bunun anlamı gerçek sınavın hâlâ önünüzde olduğu anlamına da gelebilir.

2. "Eh biraz zaman aldı tabii ama şimdi düşününce aslında çok da zor değildi.":
Okul günleriniz kolay geçmemiş ve büyük olasılıkla hepimizin kaygılandığı, aşk, arkadaşlık ve gelecek düşünceleri ile uykusuz geceler geçirmişsiniz. Ama bu deneyim sizi bugün olduğunuz kişi yapmış ve öğrendikleriniz önünüze çıkabilecek zor

zamanları aşmayı öğretmiş.

3. "Amaan nasıl kaybolduum! Bir an yolumu hiç bulamayacakmışım gibi geldi.":

Hemen herkes büyürken bir ya da iki kötü yıl geçirmişken siz hayat hakkında kaygılanmayı en uç noktaya taşımış, sadece kafanızın içindeki sorunlara takılmış, yoğun şüphe ve kaygılarla kendinize eziyet etmişsiniz. Bu karakterinize ciddiyet ve derinlik eklemiş olabilir ama artık rahatlamanın ve hayatın tadını çıkarmanın zamanıdır. Bunu hak ettiniz.

4. "İçeride bir grubun peşine takıldım da bana yolu gösterdiler. Yoksa hâlâ oradaydım.":

Bugün hayatınızda en çok gurur duyduğunuz şeyler gençliğinizde edindiğiniz arkadaşlıklar ve ilişkiler. Siz de herkes gibi kaygılar duymuşsunuz ama işler ne zaman zorlaşsa size yardımcı olacak birileri olmuş. Şimdiye kadarki şansınıza şükredin. Şimdi artık yardıma ihtiyacı olanlara el uzatma sırası sizde.

SADE

Bazı günler her şey iyi gider. İşe giderken önünüzde trafik açılıp size yol verir, patronunuz işe gelmez, ofisteki piyangoyu kazanırsınız. Ve an geçtikçe daha da umutlanırsınız çünkü her küçük şans size bir sürprizdir. Elbette umulmayanın bir de diğer yanı vardır. Gerçeklere dönmek için çorabınız kaçması ya da en sevdiğiniz kravatınızı lekelemeniz yeter de artar bile. İyi ya da kötü, küçük sürprizler hayatı ilginç kılar.

Fırından reçelli bir çörek aldınız. Ama eve gelip de bir ısırık alınca en önemli malzemenin eksik olduğunu gördünüz: Reçel. Bu kötü şansa nasıl tepki verirsiniz?

1. Hatalı çöreği dükkâna geri götürür yenisini alırsınız.

2. Kendi kendinize "Olur böyle şeyler" der ve o çöreği yersiniz.

3. Başka bir şey yersiniz.

4. Sade çöreği balla ya da reçelle doldurup daha lezzetli hale getirmeye çalışırsınız.

SADE İÇİN ANAHTAR

Soru: İçinde reçel olmayan çöreğe ne denir?

Cevap: Kötü sürpriz!

Ve hazır konu beklenmeyenlerden açılmışken bu senaryoda seçtiğiniz cevabın sizin arkadaşlarınız arasındaki rolünüzü yansıttığını duymaktan da şaşkınlık duyabilirsiniz.

1. Hatalı çöreği dükkâna geri götürür yenisini alırsınız:

Kalıplanmış düşünceleri olan, acayip olaylar karşısında kendisini asla kaybetmeyen biri olarak beklenmeyen bir şey olduğundan paniğe kapılmayacak kişi olarak güvenilir birisiniz. Ama kumandayı ele alıp yol gösterecek birisi değilsiniz. Siz daha ziyade lider tipleri sağlıklı yargınız ve çöreği tavsiyelerinizle destekleyecek birisiniz.

2. Kendi kendinize "Olur böyle şeyler" der ve o çöreği yersiniz:

Sürprizlerin sizi dağıtmasına izin vermiyorsunuz ve kaderin dağıttığı kâğıtları kabulleniyorsunuz. Sabrınız ve esnekliğiniz sizi birlikte olunması çok kolay birisi yapıyor ve sizin için arkadaş grubunu bir arada tutan güç denebilir. Çünkü siz asla mızmızlık yapmıyorsunuz ve zaman zaman arka planda kalıyorsunuz. Tıpkı hava gibi, ancak yokluğunuzda fark ediliyorsunuz.

3. Başka bir şey yersiniz:

Karar vermekte ve uygulamaktaki hızınızla siz her grupta doğal bir lidersiniz. Olaylar çığırından çıkınca ve bir kişinin dizginleri ele alıp kararları vermesi gerekince hemen kendinizi gösteriyorsunuz. Siz nereye yemeğe gidileceği ya da hangi filmin seyredileceği konusunda hık mık edecek birisi değilsiniz. Kararsızlık sözcüğü sizin lügatinizde yok. Bu kendine güven ve otorite havası sizi konuştuğunuz zaman dinlenilen birisi yapıyor.

4. Boş çöreği balla ya da reçelle doldurup daha lezzetli hale getirmeye çalışırsınız:

Yaratıcı çözümleriniz sizi grubunuzun parlak fikirler üreticisi yapıyor. Herkesin sağduyusu vardır sizde biraz solduyu da var, böylece diğerlerinin sadece sorun gördüğü noktada siz çözümler de görüyorsunuz. Yaratıcı güdüleriniz sizi zaman zaman başkalarının eksantrik dediği biri haline getirse de çevrenizdekiler her ne olursa olsun asla sıkılmayacaklarını bilerek kendilerini güvende hissediyorlar.

DAİRE, ÜÇGEN, KARE

Her şekil ve desen en temel yapı bloklarına indirgenebilir: Noktalar ve çizgiler. Bazıları için bu sözcükler gömdükleri acı lise geometri anılarını canlandırır. Ama bu sözcükler bizi aynı zamanda hayatın daha basit olduğu zamanlara da geri götürür, evleri dört kare ve bir üçgenle ya da yüzleri bir yuvarlak, iki nokta ve bir dalgalı çizgiyle çizdiğimiz ilkokul günlerine. Şimdiki testimiz sizden o masum bakış açısına ve yaratıcılığa geri dönmenizi istiyor.

Bu oyun için kalem kâğıda gereksiniminiz olacak. Tek bir daire ve istediğiniz sayıda üçgen ve kare kullanarak kâğıda bir desen çiziniz.

DAİRE, ÜÇGEN, KARE İÇİN ANAHTAR

Sanat çalışmanız nasıl gitti? Buzdolabı kapağına asmaya uygun bir resim mi? Resminizin gerçek anlamı üç temel şekli nasıl kullandığınızda saklıdır. Bu çalışmada üçgenler iş ve çalışmayı, kareler toplumu ve kurallarını ve tek daire de kendinizi temsil eder.

Eğer çok kocaman bir daire çizdiyseniz kendiniz hakkında da tıpkı öyle düşünüyorsunuz demektir. Olumlu kendine bakış açısı olarak ele alındığında bu iyi bir şeydir ama bazıları için kendini dünyanın merkezi olarak görmek anlamına gelebilir. Eğer çok küçük bir daire çizdiyseniz kendinizi önemsiz ya da çevreniz tarafından küçültülen birisi olarak görüyorsunuz demektir. Tüm o üçgenlerin ve karelerin sizi bunaltmasına izin vermeyin sonuçta onlar da sizin yapıldığınız noktalardan ve çizgilerden yaratıldı!

Çizdiğiniz üçgenlerin boyları ve sayıları sizin iş ya da okul sorumluluklarınızı temsil eder. Büyük üçgenler sizin işinize verdiğiniz önemi ve bundan duyduğunuz tatmin hissini, çok sayıda üçgen birkaç projede birden aynı anda çalıştığınızı gösterir. Eğer çok fazla sayıda üçgen çizdiyseniz iş yoğunluğu sizi mahvetmeden önce biraz ağırdan almanız gerektiğine dikkat ediniz.

Deseninizdeki kareler toplum ve diğer insanlar hakkında neler hissettiğinizi gösterir. Eğer çok büyük kareler kullandıysanız, bu itaat etmeniz ya da uyum sağlamanız için baskı altında olduğunuzu gösterir. Eğer çok fazla kare çizdiyseniz kalabalıkta kaybolmuş ya da çok fazla kurala maruz kalmış olduğunuzu anlatır.

Eğer çizdiğiniz desendeki şekiller bağlanıyor, üst üste biniyor, aynı çizgileri paylaşıyorsa hayatınızın bu yanlarını birbirine bağdaştırmış ve bundan mutluluk duyuyorsunuz demektir. Eğer tüm şekiller tek başlarına duruyorsa o zaman hayatınızda da izolasyon ve bağlantı kopukluğu görebilirsiniz.

DOKTOR SİZSİNİZ

Arzulardan kaçış yoktur. Çocukluğumuzdan başlayarak, endişe duyarız ve "keşke daha büyük olsaydım", "inşallah sınavdan kötü not almam" gibi şeyler düşünür durursunuz. Daha iyi bir hayat arzusu hepimizin içinde vardır. Çoğunlukla sıkıntıya ve kaybetmeye yol açsa da aynı arzu kazandığımız başarıların arkasındaki itici güçtür. Elbette hayatta kimse tek başına başarılı olamaz. Herkes bir an geldiğinde bilgece tavsiyeden, tatlı bir sözden, hatta kırıcı eleştiriden bile yararlanır. Zor zamanlarınızda başkalarının sözcükleri ile nasıl rahata erdiğinizi hatırlayın. Eğer birisine destek olmanız gerekse hangi mesleğe sahip olmak isterdiniz?

1. Kendi muayenehanesi olan bir psikoterapistsiniz. Terapilerinizi nasıl bir odada yaparsınız? Odayı detaylı olarak tanımlayın.

2. Günün ilk hastası geldi. Sizinle nasıl bir sorun üzerinde konuşmak istiyor ve siz ona nasıl yardımcı oluyorsunuz?

3. Hastanızın karşısında oturuyorsunuz ve ona profesyonel tavsiyelerde bulunuyorsunuz. Hastanızdan nasıl bir tepki alırsınız?

4. Çalışma saatleri sona erdi ve siz masanızda kâğıt işlemlerini tamamlarken odanıza birisi dalıyor. Çalışma saatlerinden sonra ofisinize gelen bu kişi kimdir? Tanıdık birisinin ismini veriniz.

DOKTOR SİZSİNİZ İÇİN ANAHTAR

Bir gün için işler nasıl gitti? Bu sahnedeki hasta sizin yardım ve rehberlik isteyen yanınızı anlatır. Verdiğiniz cevaplar hayatınızda eksik olduğunu hissettiğiniz şeylerin bir resmidir.

1. Tanımladığınız ofis, hayatınızda eksik olduğunu hissettiğiniz bir şeyi betimler. Sessiz ve derin düşünmeye elverişli bir oda mı hayal ettiniz? Her şeyi açıklamaya elverişli, aydınlık bir ortam mı? Rahat ve kendinizi güvende hissedeceğiniz bir yer? Yoksa bacaklarınızı uzatıp rahatlayabileceğiniz kocaman bir oda mı? Zihniniz nerede olmaya ihtiyacınız olduğunu söylüyor?

2. Hastanızın şikâyeti aslında sizin kendi içinizdeki bir endişenin kaynağıdır. İşle ilgili bir sorun muydu? Çözümsüz bir aşk ilişkisi mi? Belki de kişisel gelişim için bir arayış?

Hastanıza yaptığınız yardım sizin kendi aklınızın net düşünebilen, tarafsız yanının kendi sorununuza gösterdiği çözümdür. Esas soru kendinizin en iyi tavsiyesine uyup uyamayacağınızdır.

3. Hastanızın tavsiyelerinize verdiği tepki size iyi tavsiye verildiğinde buna nasıl tepki verdiğinizi betimler. Hastanız her

söylediğiniz sözü dikkatle dinliyor muydu, yoksa sizinle inatçı bir şekilde tartışarak kendi lehine olan şeyleri anlamazdan mı geliyordu? Yoksa her söylediğinizi kabul eder gibi görünse de kapıdan adımını attığında her şeyi unutacak gibi mi duruyordu?

4. Çalışma saatinin bitiminden sonra ofisinize dalan kişi hayatınızda sizde en fazla endişeyi yaratan ya da stres kaynağı olan kişidir. Ama bu o kişiyi illaki bir huzursuzluk kaynağı ya da kaçılacak birisi yapmıyor. Başkalarına şefkatli olabilmek bilgelik özelliğidir.

NEFESLER TUTULDU

Ringde burun buruna duran, dağlar kadar kas ve kemik yığını iki adam... Asrın dövüşüne hazırlar. Güreşçiler birbirlerine tehditkâr bakışlar atıyorlar ve kafeslenmiş vahşi hayvanlar gibi dolanıyorlar. Kalabalık en saldırgan fantezilerinin gerçekleşmesini için heyecanla bağırıyor.

Başka hiçbir spor karşılaşması profesyonel güreş kadar esaslı ilgi görmez. Gülebiliriz, küçümseyebiliriz ama popülaritesi hiç azalmaz. Eğer o ring iplerini bir gece için atlayabilseniz ne tür bir güreşçi olurdunuz? Aşağıdakilerden birisini seçiniz.

1. Çam yarması gibi, rakiplerini pes edene dek acımasızca döven biri.

2. Her yeni rakip için özenle tuzaklar, tekmeler ve yumruklar hazırlayan teknik bir sihirbaz.

3. Hakem her sırtını döndüğünde kurallara aykırı tutuşlar ve vuruşlar yapan "kötü adam" tipli biri.

4. Ne duygu ne de acıyı yansıtan, ifadesiz bir maske takan biri.

NEFESLER TUTULDU İÇİN ANAHTAR

Spor insan doğasındaki saldırganlığın gösterilmesinin sosyal olarak kabul gördüğü bir aktivitedir ama daha derin anlamda cinsel dürtünün salıverilmesidir. Ve güreş vahşetin kendini salıvermesi, bedenin yüceltilmesi ve örtüsüz saldırganlığı ile cinselliğe diğer bütün sporlardan daha yakındır. Olmayı hayal ettiğiniz güreşçi tanımı yatakta nasıl bir eş olduğunuzu gösterir.

1. Çam yarması gibi, rakiplerini pes edene dek acımasızca döven biri:

Her şeyin sizin istediğiniz gibi olması için ısrarlısınız. Rakibini ezip ufalayan güreşçi gibi eşinizi kontrol altına alıyor ve ikinci defa düşünmeden ona boyun eğdiriyorsunuz. Kaba ve hayvanca gelebilir ama burada çocuk oyunundan söz etmiyoruz değil mi?

2. Her yeni rakip için özenle tuzaklar, tekmeler ve yumruklar hazırlayan teknik bir sihirbaz:

Her yeni eşle yeni oyunlar ve numaralar denemekten hoşlanıyorsunuz. Aşk oyunundaki heyecanın bir kısmı size göre yaratıcılığınızı kullanmanız için verdiği özgürlük duygusu. Eşinizin en hassas noktasını bulmaktan ve sonra onu pes ettirmekten hoşlanıyorsunuz.

3. Hakem her sırtını döndüğünde kurallara aykırı tutuşlar ve vuruşlar yapan "kötü adam" tipli biri:

Kitabına göre sevişmek size yeterli gelmiyor. Sürekli yenilikler peşindesiniz ve istediğinizi elde etmek için de birkaç kuralı yıkmaktan (ya da işe yasak bir iki obje katmaktan) korkmuyorsunuz. Şimdi o açılır kapanır sandalyeyi birinin canı yanmadan elinizden bırakın.

4. Ne duygu ne de acıyı yansıtan, ifadesiz bir maske takan biri:

Gerçek benliğinizi en yakın ilişkiler sırasında bile göstermekten hoşlanmıyorsunuz. Sevişme tarzınızda bir gizem aurası var nerdeyse tüyler ürperten bir soğukkanlılık. Bu taktik bazı eşleri meraktan çılgına çevirebilir fakat onların buz kesmesine de neden olabilir. Ama maskenizin düştüğü bir gün mutlaka gelecektir. Altında sakladığınız yüzle karşılaşmaya hazır mısınız?

ALBÜM KAPAĞI

Dünyada en fazla satan pop şarkıcısı, medyanın sevgilisi ve milyonların idolü olmak nasıl bir şey olurdu bir düşünün. Bu aslında araba radyosuna eşlik ederken ya da duşta birbiri ardına şarkılar söylerken düşünmediğiniz bir fantezi değildir. Toplulukları tek bir şarkının gücüyle yerlerinde zıplatmanın düşüncesi bile insana büyük heyecan verir.

Yeni bir şarkıcısınız ve çıkış yapacağınız albümün CD'si henüz basıldı. Şimdi geriye sadece albümün kapağına ne koyacağınıza karar vermek kaldı. Nasıl bir şey seçersiniz?

1. İmgeler kullanılarak yapılmış huzur verici bir resim ya da egzotik bir yerde çekilmiş fotoğraflar.

2. Komik bir çizgi karakter ya da bir başka eğlenceli desen.

3. Özel bir anlamı olmayan ama insanları düşünmeye sevk eden soyut bir desen.

4. Kendi resminiz.

ALBÜM KAPAĞI İÇİN ANAHTAR

Kendi CD'nizi çıkarıyor olmak fikri psikolojik olarak kendinizi ifade etmek isteği ile ilintilidir. CD'nizin kapağı için seçtiğiniz desen diğerlerinin karakterinizde görmesini istediğiniz özellikleri yansıtır. Seçiminiz kendinizde gördüğünüz en güzel öz niteliklerdir diye yorumlanabilir. Şimdi dünyanın geri kalanı sizi nasıl görüyor bir bakalım:

1. İmgeler kullanılarak yapılmış huzur verici bir resim ya da egzotik bir yerde çekilmiş fotoğraflar:

Kendinizi nazik ve şefkatli, yüzünde başkaları için daima bir gülümseme, dilinde tatlı bir söz olan birisi olarak görüyorsunuz. Aslına bakarsanız sizden daha hassas birini hayal etmek mümkün değildir. Ama başkalarına göre çevrenizde kimi zaman öyle bir duvar çevrili ki kimsenin yanınıza yaklaşmasına izin vermiyorsunuz, o zaman da bütün bu hassasiyet biraz sahte geliyor. Eğer korunma kalkanınızı hiç indirmezseniz ve gerçek hislerinizi göstermezseniz insanlar hep ne düşündüğünüzü merak edecekler.

2. Komik bir çizgi karakter ya da bir başka eğlenceli desen:

Sosyal, konuşkan ve birlikte olunması zevkli bir kişisiniz.

Ve bunu biliyorsunuz. Ama başkaları işin bir başka yüzünü görüyor: Güvenilmez, uçarı ve yaşadığı ana kapılıp gidiveren. Başkalarını güldürebilmek harika bir şeydir ama eğer sizinle değil size gülüyorlarsa anlamı çok farklıdır.

3. Özel bir anlamı olmayan ama insanları düşünmeye sevk eden soyut bir desen:

Doğal yaratıcılığınızı ve yeteneğinizi dünyaya göstermek için çok çaba sarf ediyorsunuz. Yetenekli olabilirsiniz ama unutmayın ki diğer insanların da yetenekleri var. Parlayabilmeniz için yapmanız gereken başkalarını kabullenmek ve onlarla birlikte çalışmaktır. Bunu yapana kadar diğerlerine garip gelme riskiniz var. Özgünlüğünüz elbette önemlidir ama bunun sizi bir kaçık ve eksantrik yapmasına izin vermeyiniz.

4. Kendi resminiz:

"İşte bu benim. Beni olduğum gibi kabul edin," deme açıksözlülüğünde birisisiniz ve bu dürüstlüğün sizin en güçlü özelliğiniz olduğunu düşünüyorsunuz. Ama sizin dürüstlük olarak adlandırdığınız huy inatçılık olarak da yorumlanabilir. "Bu benim ve asla değişmeyeceğim." Kimse daha iyi olamayacak kadar mükemmel değildir. Eğer aynı imajı sonsuza kadar korumak istiyorsanız bari en azından iyi yanınızı dönün.

TUTUKLUSUN!

Polisin suçluların kafasının nasıl çalıştığı hakkında bir altıncı his geliştirdikleri söylenir. Ve hepimizde o suçlu kafasından biraz mevcuttur, bu da polislere bir an bile görevlerini bırakıp nefes alma şansı vermez. Cinayet, soygun, dolandırıcılık, gazetelerde göründüğünden çok daha yaygındır. Bir suçun işlenmediği ya da planlanmadığı tek bir dakika geçmez. Eğer bir polis olsaydınız devriyenin baskısıyla nasıl başa çıkardınız?

Olay yerinden kaçmakta olan bir suçluyu yakalamaya çalışıyorsunuz. Uzun bir takibin sonra sonunda onu yakalamayı başardınız ve tutukladınız. Suçlunun tepesinde, ayakta silahınız yüzüne doğrultulmuş olarak duruyorsunuz. "Tutuklusun!" Suçlu silahınızın namlusuna bakarken size ne söyler?

TUTUKLUSUN İÇİN ANAHTAR

Köşeye sıkıştırılmış suçlu ne demiş olabilir? Kendinizi polis memuru olarak hayal etmenize karşın gizli eğilimleriniz suçlunun ağzından çıkan kelimelerde gizlidir. Hırsız polis oyununda polisler onları sürüyüp hapse götürürken suçlular daima özürler bulurlar. Suçlunun söylediğini hayal ettiğiniz kelimeler anne babanız sizi kötü bir şey yaparken yakaladığında söyledikleriniz hakkında bir fikir verir. Ve eğer çoğunluk gibiyseniz bugün de tıpkı aynı şekilde davranıyorsunuzdur.

"Tamam. Teslim oluyorum. Beni yakaladın. Her şeyi anlatacağım." Vicdanınızı rahatlatmak için iyi bir konuşma, sorgulanırken size iyi davranacakları kesin.

"Beni yakaladığını mı sanıyorsun? Ben ortada delil filan göremiyorum. Avukatımla konuşmak istiyorum." Çatlaklardan bir ya da iki kez sızabilirsiniz ama adam olmazsanız sonunda yakalanırsınız. Adalet asla uyumaz.

HAYAL ARABASI

Ehliyetinizi almak için çalışırken öğrenmeniz gereken bütün o küçük şeyleri hatırlıyor musunuz? U dönüşleri; paralel parklar, el işaretleri ve araba uzunlukları... Elbette hepsi de önemliydi ama araba kullanmanın aslında onlarla pek ilgisi yoktur. Araba kullanmak o testleri geçtikten sonra kendi başınıza ilk kez yola çıktığınızda hissettiklerinizle ilgilidir. İstediğiniz zaman istediğiniz yere gidebilmektir. Güç, özgürlük ve sürattir. Ve kullandığınız araba sürüş deneyimine nasıl baktığınızın bir ifadesidir. Dış dünyaya kim olduğunuz ve hayattan ne istediğiniz konusunda bir fikir verir.

Hayalinizdeki arabayı düşünmek için bir dakikanızı verin ve ne fiyatını ne de pratik olup olmamasını düşünün. Sadece kendinizi nasıl bir arabada hayal ediyorsunuz?

1. Yüksek performanslı, her opsiyonu olan bir araç.
2. Çok güzel şasili bir tasarım harikası.
3. Üstündeki fahiş etikete uygun bir statü sembolü.
4. Motoru çalıştığı sürece her şey olabilir.

HAYAL ARABASI İÇİN ANAHTAR

İnsanların arabalar konusundaki zevkleri tamamen karşı cins hakkındaki zevklerini yansıtır. Hayal arabanızda aradığınız özellikler bir eş ararken dikkatinizi çekecek özelliklerdir.

1. Yüksek performanslı, her opsiyonu olan bir araç:
Arabanızdan ve eşinizden mümkün olan her şeyi istiyorsunuz ama bunun anlamı herkesteki iyi noktaları da takdir edebileceğinizdir. Geniş bir yelpazeye yayılan zevkleriniz sizi biraz tutarsız gösteriyor çünkü siz güzellikten, iyilikten, kültürden, espriden ya da çekicilikten aynı ölçüde etkilenebilen birisiniz. Ama bu sizin, olası eşlerin güçlü yanlarını değerlendirebilmenize ve son kararınızı vermeden önce temel bir fikir edinmenize olanak sağlıyor.

2. Çok güzel şasili bir tasarım harikası:
Fiziksel güzelliğin kalbinizi fethetmenin tek anahtarı olduğuna hiç şüphe yoktur. Sadece fiziki özelliklerinin sizi çektiği bir eş bulmak sizin için yeterli değil, siz bu eşle aynı zamanda da dünyaya gösteriş yapmak istiyorsunuz. Dış görünüşe verdiğiniz bu abartılmış önem sizin rahatlıkla gayet boş birine de kapılabileceğiniz anlamına geliyor. Bir şeyi sürmeden önce mut-

laka kaputun altına bakmak gerekir.

3. Üstündeki fahiş etikete uygun bir statü sembolü:
Sosyal pozisyon ve maddi başarı sizin için hayati önem taşıyor ve bu eş seçiminize de yansıyor. Doğru aile, doğru tahsil, doğru meslek toplandığında size göre doğru insan oluyor. Hırs kendi içinde kötü bir şey değildir ama eşiniz sizin başarı merdiveninizdeki bir diğer basamak olmaktan hiç hoşlanmayabilir.

4. Motoru çalıştığı sürece her şey olabilir:
Minimum standartlara sahip hemen her kişiyle mutlu olabilirsiniz. Bu da sizi açık, sevecen ve bağışlayıcı biri yapıyor. Kimsenin sizin düşlerinizi gerçekleştirmesini beklemiyorsunuz ve karşılık olarak kimse de sizden böyle bir şey talep etmediği için mutlusunuz. Bu doygunluğa giden sorunsuz bir yol gibi görünebilir ama düşünecek olursanız başkalarının sizden fazla bir şey beklemediği anlamına gelebilir.

SABIRSIZLANIRKEN

Yeni bir işe başlamak daima stres sebebidir. Tanımadığınız bir çevre ve insanlar, milyon tane öğrenilecek yeni şey ve elbette kaçınılmaz hatalar. Hata yaparak öğreniriz ve onları bir daha tekrarlamamaya çalışırız.

Arkadaşlarınızdan biri bir lokantada garson olarak işe girdi. Bir gün ziyaret etmeye ve işlerin nasıl gittiğine bakmaya karar verdiniz ama içeriye adım attığınız anda arkadaşınızın müşterilerden birisiyle başının dertte olduğunuz gördünüz. Arkadaşınız ne hata yapmış?

1. Birkaç kere çağrılmasına karşın masaya gitmemiş.

2. Sipariş alırken yanlışlık yapmış ve yanlış yemek getirmiş.

3. Müşterinin üzerine yemek dökmüş.

4. Müşteri yemeğini bitirmeden masayı toplamaya başlamış.

SABIRSIZLANIRKEN İÇİN ANAHTAR

Restorandaki arkadaşınız sizin psikolojik temsilcinizdir. Yaptığını gördüğünüz yanlış kendinizde özellikle başkalarına yardımcı olurken ortaya çıktığını düşündüğünüz, kişisel bir zayıflığın, bilinçaltınızdaki tanımıdır. Arkadaşınızın yaptığını hayal ettiğiniz yanlışlar sizin kendi aşk hayatınızdaki sorunların aynısıdır.

1. Birkaç kere çağrılmasına karşın masaya gitmemiş: Kendinizde eşinize konsantre olmak ve odaklanmak için yetenek eksikliği görüyorsunuz. Akşam dışarı çıktığınızda ilginizi çeken bir şey görünce yanınızdakinden uzaklaşıyorsunuz. Ya da belki gözleriniz hep bakmamanız gereken yerlere bakarken yakalanıyorsunuz. Odaklanma eksikliği, ilgi eksikliği olarak yorumlanabilir onun için biraz daha dikkatli olmaya çalışın. Alo? Dinliyor musunuz?

2. Sipariş alırken yanlışlık yapmış ve yanlış yemek getirmiş: Kişisel sorumluluklarınızı üstlenme departmanında personel sıkıntısı çekiyorsunuz. Bunun sonucunda da sürekli geç kalıyor ya da iki kişi için organize edilmiş gecelere davet edilmemiş arkadaşlarınızı getiriyorsunuz. Eğer aşk iki kişi arasında bir anlaş-

ma ise, siz kendi adınıza anlaşmayı defalarca ihlal etmişsiniz. Eğer daha mutlu bir aşk hayatı istiyorsanız bir şey yapmadan önce sevgilinizin duygularını düşünmeyi bir alışkanlık haline getirin.

3. Müşterinin üzerine yemek dökmüş:
İş birisiyle çıkmaya gelince çok sinirlisiniz. Her şeyin mükemmel olmasını ve her şeyin yolunda gitmesini istiyorsunuz ama siz her konuda böyle ince eler sık dokurken başkalarının rahat etmesi imkânsız. Çok ciddi görüntünüzle ilk bakışta iyi bir izlenim yaratabilirsiniz ama insanların yoğun stres yüklemesinden ne kadar çabuk yorulduklarını görmek hiç de zor değildir.

4. Müşteri yemeğini bitirmeden masayı toplamaya başlamış:
Konu aşka gelince hemen harekete geçme eğiliminiz var. Bu isteklilik ilk başta çekici gelebilir ama sonrasında sürekli aceleci davranmanız huzursuzluk verebilir. Biraz ağırdan alın ve bırakın sevgiliniz biraz nefes alsın, yoksa elinizde kalan tek şey bol bol boş zaman olacak.

ASLINDA DÜŞÜNÜNCE...

Bir hikâye uydurmak kolay değildir, misafir odasındaki yatağı yapmak angaryadır, bir kavgadan sonra barışmak sabır ve bağışlama ister ama kimi zaman hayattaki en zor şey karar vermektir. Kararlı olmaya hazırlanın çünkü şimdiki senaryoda sizden bunu isteyeceğiz.

Sessiz bir akşam yemeğindesiniz. Mönüyü açtınız ve garson gelip hazır olup olmadığınızı sorduğunda hâlâ ne yiyeceğinize bakıyordunuz. Düşünmeden bir sandviç ve bir fincan kahve ısmarladınız. Ama garson gittikten sonra aslında canınızın kahve değil sıcak çikolata istediğinin farkına varıyorsunuz! Şimdi ne yaparsınız?

1. Mönüye bakmaya devam eder ve sıcak çikolatanın tadının ne güzel olduğunu düşünürsünüz.

2. Garsonun geri gelip gelmediğine bakarsınız.

3. Yerinizden kalkıp garsonu bulmaya ve siparişinizi değiştirmeye gidersiniz.

4. Teslim olur, kahveyi beklersiniz.

ASLINDA DÜŞÜNÜNCE... İÇİN ANAHTAR

Kabul edin ki lokantada yanlış sipariş vermek dünyanın sonu değildir. Büyük olasılıkla olayı yarım saate kalmadan unutursunuz. Ama yanlışınızı nasıl kabullendiğiniz bize kişiliğiniz hakkında daha derin bilgiler verir. Davranışınız (ya da hiçbir şey yapmayışınız) ilişkilerin sona ermesine verdiğiniz tepkiyle eştir. Tam olarak, yanlış giden ilişkilerde ne kadar dayandığınızı gösterir.

1. Mönüye bakmaya devam eder ve sıcak çikolatanın tadının ne güzel olduğunu düşünürsünüz:

Ne zaman vazgeçmeniz gerektiğini bilmeyen birisiniz. Eski güzel zamanları hatırlayarak ve günün birinde her şeyin eskisi gibi olacağını hayal ediyorsunuz. Genellikle öyle olmaz. Şişman kadın şarkısını bitirmiştir ve perde çoktan inmiştir. Uyanıp kahve kokusunu içinize çekmenin zamanı gelmiş.

2. Garsonun geri gelip gelmediğine bakarsınız:

Ayrılık fikrinden hiç hoşlanmıyorsunuz ama bunu olay yapacak değilsiniz. Başkalarının ne düşündüğü konusunda çok endişeli birisiniz. Çevredekilerin ayrılığınızdan ziyade sizin terk edilmiş olduğunuz hakkında konuştuğunu düşünerek endişeleniyorsunuz. Düşünecek olursak zaten büyük ihtimalle bu gururunuz yüzünden terk edildiniz.

3. Yerinizden kalkıp garsonu bulmaya ve siparişinizi değiştirmeye gidersiniz:

Siz aşkın arkasından yas tutup sıkıntı çekecek ve gidenin eksikliğini duyacak birisi değilsiniz, temelde böyle bir şeyin asla size olmayacağı düşüncesiyle. Sizin tepkiniz acı çekmekten ziyade şoka girmek olur ve bu hatıranın hayatınızdan yok olması için elinizden geleni yaparsınız. Belki de aklınızı meşgul etmek için bir hobi edinmelisiniz.

4. Teslim olur, kahveyi beklersiniz:

Çalan parça "Que sera, sera" mı? Öyle olmalı, çünkü bu sizin şarkınız. Bir ayrılıktan sıyrılmanız için bir gecelik uyku sizin için yeterli. Hatta uzunca bir kestirme bile yeterli olabilir. Esas soru bunun sizi kalın derili, duygusuz ya da dünyanın en sarsılmaz iyimseri yapıp yapmadığıdır.

MUAYENEHANEDE

Hastane herkes için farklı anlamlar taşır. Bilmedikleri bir hastalıktan muzdarip olup ilk kez muayene olmaya gelenler endişeli ve umutsuz görünürler. Ama uzun bir hastalıktan iyileştikten sonra ya da güzel ve sağlıklı bir bebek doğurduktan sonra kapıdan çıkmakta olanlar mutluluk ve rahatlık içindedirler. Hastane başlı başına bir dünyadır; yaşam ve ölümün, üzüntü ve sevincin gün içinde birbirleriyle defalarca yolunun kesiştiği bir dünya. Ve oraya gidenler için her gün sadece bedenlerini değil ruhlarını da iyileştirebilmek için yeni bir şanstır.

Belki hastaneye daha önce gittiniz, belki de bu ilk ziyaretiniz. Her halükârda hazır olun çünkü doktor şimdi sizi görecek.

1. Bir kliniğin lobisinde oturmuş çağırılmayı bekliyorsunuz. Küçük bir oğlan çocuğu tek başına koşuyor ve siz de ona yavaşlamasını ve dikkatli olmasını söylüyorsunuz. Size nasıl tepki veriyor?

2. Muayene odasının kapısı azıcık aralanıyor ve siz o aralıktan gri renkli sağlıksız bir kişinin doktor tarafından muayene edildiğini görüyorsunuz. Oradaki hasta tanıdığınız birisi.

Kim o?

3. Doktorun yardımcısı gelip adınızı söylüyor. Garip olan yardımcının tanıdığınız birisine çok benzemesi. Kime benziyor?

4. Muayenenizden sonra doktor sizi ofisine çağırıyor ama ofisine girdiğinizde arkası size dönük olarak oturuyor ve sonuçlarınıza bakarak kendi kendisine konuşuyor. Size hiçbir şey açıklamıyor. Ne yaparsınız?

MUAYENEHANEDE İÇİN ANAHTAR

Hastane, hastalık ve iyileşme mekânıdır. Kendinizi bu senaryoda hayal ederek kendi psikolojinizin zayıf ya da bakıma muhtaç noktalarına dokundunuz.

1. Oğlan çocuğunun tepkisi başkaları hatalarınızı fark ettiğinde ya da sizi eleştirdiğinde sizin vereceğiniz tepkiye eştir. Sizi duymuyormuş gibi mi yaptı, durup özür mü diledi, yoksa şımarık bir velet gibi dilini mi çıkardı? Şimdi başkalarının neler hissettiğini biliyorsunuz.

2. Muayene masasında hasta olarak hayal ettiğiniz kişi zor bir durumda asla güvenemeyeceğinizi düşündüğünüz birisidir. Sizden daha hasta görünen biri size zaten nasıl yardımcı olabilir ki?

3. Doktorun yardımcısı kaderinizi tayin edecek güce sahip birisini temsil eder. Yardımcının benzediğini düşündüğünüz kişi sizin her zaman ya saygıdan ya da korkudan güvendiğiniz birisidir. Bir gün ne kadar güçlü hale gelirseniz gelin bu kişi sizin zihninizde her zaman sizden üstün bir konumda olacaktır. Bu gücün kaynağı o kişinin size "pantolonunuzu indirin, eğilin ve öksürün" deme yetkisinden de kaynaklanıyor olabilir.

4. Doktorun davranışına gösterdiğiniz tepki size kabadayılık edildiğinde ya da sizinle alay edildiğinde vereceğiniz tepkiyi gösterir. Kimisi ortalığın sakinleşmesini bekler, kimisi bir açıklama ister ve kimisi de kalkıp kapıdan çıkıp gider. Siz ne yaptınız?

KANATLARINIZI AÇARAK

Stresli zamanlarda insanların dertlerinden kurtulup dünyayı geride bırakmak istemeleri normaldir. Bir düşünün. Sizi sevmeyen birisini sevdiğinizde ya da işyerinde her şey ters giderken kimi zaman en kolay yol bu duygu yok olana kadar mümkün olduğunca uzağa gitmektir. Uzaklaşmak size zihninizi boşaltmak ve yapmak istediklerinizi yapabilmek şansı sağlar. Ama her ne kadar her şeyi bırakıp başımızı alıp gitmek istesek de hayal kurmak yapmaktan daha kolaydır. Belki de bu yüzden cenneti hayal ederiz. Hepimiz uçmak ve özgür olmak isteriz.

1. Paraşütle atlamaya karar verdiniz ve ilk atlayışınızı yapmaya hazırlanıyorsunuz. Yerde sıranızı beklerken yukardan atlayanları seyrediyorsunuz. Aklınızdan neler geçiyor?

2. Sıranız geldi ve uçak üç bin metreye yükselirken siz de kendinizi hazırlıyorsunuz. Arkanıza hiç bakmadan önünüzde açılan kapıya geliyor ve kendinizi aşağıya bırakıyorsunuz. Aşağıya atlarken ne diye bağırıyorsunuz?

3. Güvenli bir biçimde yere indiniz. Paraşütünüzü toplarken bir eğitmen size doğru geliyor ve bir şeyler söylüyor. Eğitmen ne söylüyor?

KANATLARINIZI AÇARAK İÇİN ANAHTAR

Bulutların üzerindeki küçük gezintinizden zevk aldınız mı? Bir paraşütle atlama macerasındaki saf adrenalin akışı bir başka fiziksel aktivitenin heyecanına eştir: Sevişmenin. Bu deneyim konusunda söyledikleriniz sizin sevişmeye yaklaşımınızı gösterir.

1. Sıranızın gelmesini beklerken hissettikleriniz sizin cinsel arzunuzun seviyesini gösterir.

"Bu şahane olacak. Sabırsızlanıyorum!" Bazen her şey istediğiniz gibi gider.

"Bunu yapıp yapamayacağımı bilemiyorum." Eğer hazır olduğunuzdan emin değilseniz belki de derin bir sohbete dalmalı ya da şömine karşısında sarılıp oturmalısınız.

2. Aşağıya inerken bağırdıklarınız zevkin doruklarına çıktığınızda söyleyeceklerinizdir.

"Hiii! Şu manzaraya bak!" Siz özel hayatınızı göstermekten rahatsız olmuyor olabilirsiniz ama önce eşinize sorsanız daha iyi olur.

"Belki de iyi bir fikir değildi." Vazgeçmenin mümkün olmadığı anlar vardır.

"Annemi istiyorum!" Hmm sizin derin kokolojik sorunlarınız var diyelim ve orada bırakalım.

3. Eğitmenin size söylediğini düşündüğünüz şeyler eşinizin seviştikten sonra size söylediğini hayal ettiğiniz şeylerdir.

"Başlangıç olarak fena değil. Endişelenme, pratik yaptıkça daha iyi olacaksın!"

"Çok özür dilerim, objektifin kapağını çıkartmayı unutmuşum. Yine yapmak ister misin?"

"Evet sanırım bitti. Nakit mi, çek mi, yoksa kredi kartı mı?"

DÜNYA BİR SAHNEDİR

Hayat bazen tiyatroya benzetilir, kolay bir benzetme! Karakterlerin girip çıkışları, günün olayları ile birlikte yükselen gerilim, kullanılan sözcükler, oynanan roller... Her günü sahnede geçirdiğimiz söylenebilir. Hatta oyunu türlere göre ayırabiliriz: Ofis komedileri ve okul sonrası spesiyalleri, hatta kimi zaman bir polisiye ya da romantik macera. Ve her günün yıldızı, siz!

İşte hayat sahnesini bu kadar sürükleyici ve çeşitli yapan da budur. Her bölümdeki oyuncular, sokaktaki figüranlar da kendi tiyatrolarının her gün karmaşıklaşan oyununda yıldızdırlar. İki insan arasındaki en basit iletişim bile içerisinde sonsuz anlamlar barındırabilir. Belki de bu yüzden aynı karakterlere ve aynı hikâyelere karşın asla sıkılmayız. Şimdiki senaryoda perde kalkıyor ve spot sizin üzerinizde.

1. Bir tiyatro topluluğunun üyesisiniz. En çok ne tür bir oyunda rol almak istersiniz? Bu oyunda en önemli sahneniz hangisi? Detaylı olarak açıklayın.

2. Bu rol için denemeye girdiniz ve tüm arkadaşlarınız arasından başrol için seçildiniz. Seçildiğinizde en büyük rakibiniz size ne söyledi?

3. Açılıştan önceki son kostümlü provada yönetmeni önü-

nüzde kollarını kavuşturmuş otururken gördünüz. Oyununuzu beğenmemiş gözüküyor. Beğenmediği nedir?

4. Oyun hiç hatasız oynandı ve büyük başarı kazandı. Alkışlarla tekrardan sonra kalabalık mutlu bir şekilde evlerine gitti ve şimdi tiyatro sessiz. Karanlık sahnede dururken boş koltuklara ne dersiniz?

DÜNYA BİR SAHNEDİR İÇİN ANAHTAR

Tiyatro kendiniz için yarattığınız hayal dünyasını temsil eder. Bu teste verdiğiniz cevaplar geleceğinizde sizi nelerin beklediğini gösterir.

1. Oynamak istediğiniz oyun geleceğinizdir. Bir melodram mı, trajedi mi yoksa laubali bir pasta savaşı mı seçtiniz? Ve önemli sahne olarak seçtiğiniz de hayatınızın dönüm noktası olacağını düşündüğünüz şeydir. Eğer bir aşk sahnesi seçtiyseniz demek ki hayatınızı bir aşk değiştirecek. Sevdiklerinizden ayrılmak zorunda kaldığınız bir sahne miydi, yeni insanlarla tanıştığınız bir sahne ya da bir savaş sahnesi? Bunların hepsi sizin sahne ortasına gelerek en önemli sahnenizi oynama zamanını gösteren ipuçları olabilir.

2. Rakibinizi hayal ettiğiniz şekil gelecekteki sizin bugünkü size tepkisini yansıtır. Rakibinizin sözleri daha olgunlaştığınızda geçmişe neler hissederek bakacağınızı söyler. Sözler: "Fevkalade! Böyle çalışmaya devam et!" gibi cesaretlendirici miydi, yoksa "Kendini kaybetme. Bir başarılı oyun seni yıldız yapmaz. Başarılı sayılabilmen için daha önünde çok uzun bir yol var," gibi dikkatli olmaya mı çağırıyordu?

3. Yönetmen oyunu her yönüyle soğuk ve tarafsız bir gözle izler. Onun memnuniyetsizliği kendinizde bilinçaltı olarak bildiğiniz zayıf bir noktayı işaret eder. Oyununuzdaki hata geleceğinizde büyük olasılıkla en fazla tekrarlayacağınız hatadır.

Eğer karakterinizin sahnede yok olduğunu söylediyse hayatta kendiniz için konuşmayı öğrenmelisiniz demektir. Oyunun yıldızının kim olduğunu unutmayın.

Diğer yandan eğer tüm sahneyi parsellediğinizi söylediyse kendinizi biraz kontrol etmenizde yarar var demektir. Kimse bencil domuzları sevmez.

Eğer zamanlamanızın zayıf olduğunu söylediyse kapınızı çalan fırsatları kaçırmamak için dikkatli olmalısınız. Gerçek hayatta bir sahneyi baştan oynama şansı yoktur.

Eğer sizi izlemenin sıkıcı olduğunu söylediyse kendinizi biraz canlandırmalısınız. Eğer kendi oyununuzdan kendiniz sıkılıyorsanız bir de geri kalanları düşünün.

4. Boş tiyatroya söylediğiniz sözler hayatınızın sonunda söyleyeceğinizi düşündüğünüz sözlerdir. Bu ünlü son sözler arasında tanıdığınız var mı?

"Allah'a şükürler olsun bitti! Bir içkiye ihtiyacım var!" Anlaşılabilir bir istek ama gittiğiniz yerde bar yok.

"Küçük insanlar olmadan başaramazdım." Yolumuzda bize yardım edenleri unutmamak güzel bir davranıştır.

"Pek de fena değildi." Belki de bu hepimizin söylemeyi umut ettiği en iyi veda sözcükleridir.

“Aç kollarını dünya ben geliyorum!” Siz tam olarak nereye gittiğinizi düşünüyorsunuz?

YAYINLANAN KİTAPLAR:

SAĞLIK/YAŞAM

1- *Fark Etmeden Diyet,* Selahattin Dönmez (2 Baskı)

KÜLTÜR

1- *Z "Son İnsan" mı?,* Hakan Senbir (2 Baskı)
2- *Poplisans,* B. Volkan Yücel

ROMAN

1- *Güllerim Açtı Seni Görünce,* Hande Özcan
2- *Evden Uzakta,* Cathie Dunsford
3- *Aşk Bir Varmış Bir Yokmuş,* Tom Perrotta (2 Baskı)
4- *Beni Kalbimden Vuranlar Var Ya,* Reşat Çalışlar
5- *Kırmızı Fener Sokağı,* Mehmet Ünver (3 Baskı)
6- *Konuşmayan Tavuskuşu Camio,* Berrak Yurdakul

EDEBİYAT

1- *Sallama Klasikler,* Greg Nagan

KADIN

1- *İmdat! Bir Adamla/Çocukla Yaşıyorum,* Betty McLellan
2- *Yatmadan Önce 100 Fırça Darbesi,* Melissa P. (9 Baskı)
3- *Yusufçuk Gece Gelir,* Melissa P.

EĞİTİM

1- ABcD / *ABD'de Eğitimin ABC'si,* Ayşe Kora

ANI

1- *Her Şeyin Bittiği Yerden,* Sami Dündar (4 Baskı)

Yayına Hazırlanan Kitaplar:

ÖYKÜ

Pornovida, Zafer İlbars

okuyan us

YAYINLANAN KİTAPLAR:

SANAT

1- *Desen mi Demesen mi?* Cem Mumcu, Yıldırım B. Doğan Desenler: Selçuk Demirel
2- *Artrit ve Sanat,* Kolektif
3- *Çocuk ve Sanat,* Kolektif

ROMAN

1- *Planımız Katliam,* Haldun Aydıngün
2- *7,* Cem Akaş
3- *Altın,* Blaise Cendrars - Çeviren: Nuriye Yiğitler
4- *Bir Kuzgun Yaz,* Mehmet Ünver
5- *Mariella,* Max Gallo - Çeviren: Asena Sarvan
6- *Mathilde,* Max Gallo - Çeviren: Işıl Bircan
7- *Sarah,* Max Gallo - Çeviren: Asena Sarvan
8- *Ziyaretçiler,* Giovanni Scognamillo
9- *Salta Dur,* Semra Topal
10- *Pus,* Mehmet Ünver
11- *Kentlerin Kraliçesi,* Hakan Senbir
12- *Cowrie,* Cathie Dunsford - Çeviren: Funda Tatar
13- *Selkie'lerin Şarkısı,* Cathie Dunsford - Çeviren: Funda Tatar
14- *İstifa,* Akça Zeynep
15- *Acayip Hisli,* Kate Atkinson - Çeviren: Devrim Kılıçer Yarangümeli
16- *Makber,* Cem Mumcu (7 Baskı)
17- *Kötü Ölü,* Erkut Deral (2 Baskı)
18- *Boşlukta Sallanan Adam,* Saul Bellow - Çeviren: Neşe Olcaytu
19- *Tuhaf Bir Kadın,* Leylâ Erbil
20- *Hazdan Kaçan Kadınlar,* Fidan Terzioğlu

PSİKİYATRİ

1- *Majör Depresif Bozukluk Hastalarının Tedavileri İçin Uygulama Kılavuzu* - Çeviren: Ayla Yazıcı
2- *Şiir ve Psikiyatri Kavşağında,* Yusuf Alper
3- *Terapi Şeysi,* Cem Mumcu, Yıldırım B. Doğan Desenler: Mehmet Ulusel

4- *Duygudurum Bozukluklarında Atipik Antipsikotik Kullanımı*, Editör: Simavi Vahip
5- *Öteki Peygamberler*, Anthony Storr - Çeviren: Aslı Day
6- *Biz - Romantik Aşkın Psikolojisi*, Robert A. Johnson -Çeviren: Işılar Kür
7- *Buradan Böyle / Hayatın Psikososyopolitiği*, Erol Göka
8- *İç Bahçe*, Betül Yalçıner, Lütfü Hanoğlu (2 Baskı)
9- *Psikiyatri ve Sinema*, Krin O. Gabbard, Glen Gabbard (2 Baskı)
Çevirenler: Yusuf Eradam, Hasan Satılmışoğlu
10- *Psikiyatri Tarihi*, Ali Babaoğlu (2 Baskı)
11- *Yaşlılık ve Depresyon* - Cem Mumcu, Çağrı Yazgan (Tükendi)
12- *Kadın ve Depresyon* - Cem Mumcu, Suzan Saner, Peykan G. Gökalp (Tükendi)
13- *Az Rastlanır Psikiyatrik Sendromlar* - David Enoch, Hadrian Ball
Çeviren: Banu Büyükkal (Tükendi)
14- *Nöroloji ve Psikiyatrinin Örtüşen Yüzleri* - Betül Atabey Yalçıner,
Lütfü Hanoğlu (Tükendi)
15- *Âşiyan'daki Kâhin - Tevfik Fikret'in Melankolik Dünyası*, Serol Teber
16- *Aşk ve Kıskançlık*, Ayala Malach Pines - Çeviren: Canan Yonsel
17- *Kozmik Kahkaha*, Vamık D. Volkan - Çeviren: Banu Büyükkal (2 Baskı)
18- *Cesur Yeni Beyin*, Nancy C. Andreasen - Çeviren: Yıldırım B. Doğan
19- *Atlarla Yaşayan Kadın*, Vamık D. Volkan - Çeviren: Banu Büyükkal (2 Baskı)
20- *"Bilimsel Bir Peri Masalı"- Sigmund Freud'un "Aile-ve Tarihsel Romanı"*, Serol Teber
21- *Kusursuz Kadının Peşinde*, Vamık D. Volkan Çeviren: Banu Büyükkal
22- *Şizofreni: Sesler, Yüzler, Öyküler*, Editör: Haldun Soygür
23- *Depresyon Atlası*, Andrew Solomon - Çevirenler: Berna Çapçıoğlu,
Gülderen Dedeağaç, Funda Tatar
24- *Şizofreni Hastalığı Anlamak ve Onunla Yaşamayı Öğrenmek*, Dr.Mustafa Yıldız
25- *Kış Bakışı*, Bir Ruh Hekiminin İç Bahçesi, Haldun Soygür

EDEBİYAT

1- *Kahramanlar Kitabı*, Kolektif Editörler: Cem Mumcu, Nida Nevra Savcılıoğlu

ÖYKÜ

1- *Beyoğlu Kâbusları ve Diğer Öyküler*, Giovanni Scognamillo
2- *Bir Gamze-Bir Kuştüyü Yastık*, Gülseren Tuğcu Karabulut
3- *Üçüncü Sayfa Güzeli / Binbir İnsan Masalları-I*, Cem Mumcu (4 Baskı)
4- *Cinsel Öyküler*, Kolektif - Editör: Cem Mumcu
5- *Hepimiz Gogol'un Palto'sundan Çıktık*, Süreyyya Evren
6- *Muallâkta, Araf'ta ve Düşlerde / Binbir İnsan Masalları-II*, Cem Mumcu (4 Baskı)
7- r, Cem Akaş
8- *Âşık Öyküler*, Kolektif - Editör: Sevengül Sönmez

9- *Deli Öyküler*, Kolektif - Editör: Cem Mumcu
10- *Suçlu Öyküler*, Kolektif - Editör: Halil Gökhan
11- *Gelecek Öyküler*, Kolektif - Editör: Deniz Koç
12- *Erotik Öyküler*, Kolektif - Editör: Halil Gökhan
13- *Sahici Aşklar Külliyatı / Binbir İnsan Masalları-III*, Cem Mumcu (7 Baskı)
14- *Absürd Öyküler*, Kolektif, Editör: Nida Nevra Savcılıoğlu
15- *Sidre*, Berrin Karakaş
16- *Aşk ve Öbür Duygular*, Türkay Demir
17- *Hassas Ruhlar Terazisi / Binbir İnsan Masalları-IV*, Cem Mumcu (2 Baskı)
18- *Su Kedileri*, Mustafa Ziyalan
19- *Tül*, Berrin Karakaş

MİZAH

1- *Yamyamın Yemek Kitabı*, Yusuf Eradam
2- *Kafadanbacaklılar*, Mehmet Ulusel
3- *F*, İzel Rozental
4- *Geç*, Kadir Doğruer
5- *B*, İzel Rozental

GEZİ / MİZAH

1- *Dikkat! Buda*, İzel Rozental

ŞİİR

1- *Ahkâm Vakti Tohumları*, Yusuf Eradam
2- *Enel Aşk*, Yelda Karataş

FELSEFE

1- *Bir Sevdâ Yorumu Kitabı*, Ahmet İnam

TARİH

1- *Medya Tarihi / Diderot'dan İnternete* Frédéric Barbier, Catherine Bertho Lavenir Çeviren: Kerem Eksen
2- *Türkiye'nin Çıplak Tarihi*, Kolektif Editör: Cem Mumcu
3- *Labirentin Tarihi*, Jacques Attali

MİNERVA

1- *Medeniyetler Çatışması ve Dünya Düzeninin Yeniden Kurulması* Samuel P. Huntington - (4 Baskı) Çevirenler: Cem Soydemir, Mehmet Turhan
2- *Hz. Muhammed'in Yolunda / Günümüz Dünyasında İslâmiyeti Yeniden Düşünmek*, Carl W. Ernst- Çeviren: Cangüzel Güner Zülfikar
3- *Körü Körüne İnanç*, Vamık D. Volkan - Çeviren: Dr. Özgür Karaçam

EROTİK US

1- *Kadınlar İçin Erotik Astroloji*, Olivia - Çeviren: Işılar Kür

2- *Yatağında Yalnız mısın? Eski Japon Ozanlarından Aşk ve Özlem Şiirleri* - **Çeviren: Celâl Üster**

3- *Kimsenin Konuşmadığı Dil*, **Eugene Mirabelli Çeviren: Ahu Antmen**

4- *Çifte Alev / Aşk ve Erotizm*, **Octavio Paz - Çeviren: Tomris Uyar**

5- *Ezgiler Ezgisi 'Neşideler Neşidesi'* - **Çeviren: Samih Rifat**

6- *Bahar Noktası*, **William Shakespeare - Can Yücel**

7- *Sevdâ Lûgati*, **Mehmed Celâl - Günümüz Diline Aktaran: Sevengül Sönmez**

8- *Samuraylar Arasında Aşk*, **İhara Saikaku - Çeviren: Fatih Özgüven**

ANI

1- *Şanslı Adam*, **Michael J. Fox - Çeviren: Oytun Süngü**

ÖZEL DİZİ

1- *Mazruf*, **Enis Batur**

İNCELEME

1- *Ütopya: Hayali Ahali Projesi*, **Akın Sevinç**

FOTOĞRAF

1- *Bedava Gergedan*, **Orhan Cem Çetin**

AFORİZMALAR

1- *Bu Kalem Un(ufak)*, **Enis Batur**

DÜŞEN YAZI

1- *Koşarak Geldim Çorabı Deldim*, **Komet**

... ŞEYSİ

1- *Terapi Şeysi*, **Cem Mumcu, Yıldırım B. Doğan Desenler: Mehmet Ulusel**

2- *Hukuk Şeysi*, **Kadir Şinas**

PENDULUM

1- *Paşama Mektuplar*, **Ayşe Nil**

ÇOCUK

1- *Filmimin Hikâyesi 2*, **Kolektif**

2- *Noel Baba'dan Mektuplar*, **J.R.R. Tolkien**

SİNEMA

1- *Orson Welles*, **André Bazin - Çeviren: Senem Deniz**

NOVELLA

1- *Üç Başlı Ejderha*, **Leylâ Erbil**

YAZI

1- *Hayat Kırıklığı*, **Cem Mumcu**

SATIŞ DIŞI

DERGİLER

1- *Artimento,* 1-12 (Satış Dışı)
2- *Şizofreni ve Sanat,* (Satış Dışı)
3- *DermoArt,* 1-6 (Satış Dışı)
4- *Dört Mevsim,* 1-3 (Satış Dışı)
5- *Pendulum,* 1-3 (Satış Dışı)
6- *Denizyıldızı,* (Satış Dışı)

KİTAPLAR

1- *Çocuk ve Sinema,* Kolektif (Satış Dışı)
2- *Çocuk ve Müzik,* Kolektif (Satış Dışı)
3- *Çocuk ve Edebiyat,* Kolektif (Satış Dışı)
4- *Edebiyatçı Psikiyatristler,* Kolektif (Satış Dışı)
5- *Şair Psikiyatristler,* Kolektif (Satış Dışı)
6- *Fotoğrafçı Psikiyatristler,* Kolektif (Satış Dışı)
7- *Çizer Psikiyatristler,* Kolektif (Satış Dışı)
8- *Filmimin Hikâyesi 1,* Kolektif (Satış Dışı)
9- *Yaşlılık ve Fotoğraf,* Kolektif (Satış Dışı)

Yayına Hazırlanan Kitaplar:

SİNEMA

Sinema Köşelerinde, İlhan Mimaroğlu